放送通訳の現場から——

難語はこうして突破する

[同時通訳者]
袖川裕美
Sodekawa Hiromi

イカロス出版

はじめに

　英語の放送通訳の仕事をしている人は、現在、何人くらいいると思われますか。正確な数はわかりませんが、CS放送のBBCやCNN、NHK-BSの2ヵ国語放送に関わる通訳者は、大半が各局を掛け持ちしていて、みな顔見知りで、おそらく全体で50〜60人くらいではないかと思います。とても小さな集団です。それが海外のニュースやドキュメンタリーなどを日本語に訳して、日々テレビで伝えているのです。通訳の形式は、時差通訳と言って、事前に放送内容を聞いて訳を用意し、ボイスオーバーする方法もありますが、CS放送のBBCやCNNは同時通訳対応です。またアメリカ大統領選の勝利宣言や就任演説・施政方針演説などの重要な演説は、日本の民放各社もそれぞれ同時通訳で流します。

　私は、その小さな集団にいるひとりです。25年ほど前にロンドンのBBCワールドでこの世界に飛び込んで以来、会議通訳が中心だった時期もありましたが、放送通訳にはずっと関わってきました。"25年"というと大変なベテランで「何でもござれ」と思われるかもしれませんが、せいぜい大きな破綻はしないくらいのことはできても、今もなお訳に窮し、戸惑い、瞬間健忘症に襲われて、格闘しています。

こうしたなか、イカロス出版さんから、放送通訳のなかで訳に困った単語やフレーズについて書いてみませんかと声をかけられました。長年やっていれば、そうしたエピソードには事欠きませんが、同時通訳で起きていることを後から記録したりはしないので、まず、ひとりで1冊分書けるだろうかと不安に思いました。ですが、通訳は「難局を切り抜ける」ことの連続なので、思い切ってこの難しい課題に取り組んでみることにしました。

　その結果が、ここに集められた単語やフレーズ群です。これはいわば「罪の告白集」でもあります。執筆中は、誤訳について言い訳をしたい気持ちになったり、こんなにできなかった話ばかりしていると、信用を失うなあ……という気持ちになったりもしました。それでも、言葉をめぐる私個人の経験を語ることで、読んだ人が共感してくれるかもしれない、ついでに新しい言葉やフレーズを覚えたり、知識や情報を得たりしてくれるかもしれないと思い、その思いに励まされて書き進めました。

　なお、本文で取り上げられた単語やフレーズは、放送通訳の現場で私が遭遇したものです。また、それらがどういう場面で使われているかを理解するために、ニュースの背景の説明も加えまし

た。放送通訳ではこれが必須です。例文は、世界的ニュース・チャンネルのBBCやCNNから取ったものを中心に、世界の主要紙、CNNのニュースレター"Meanwhile in America"、*The Economist*とそのニュースレター"Checks and Balance"など報道関係から選びました。

　報道は政治（国際政治）、経済、社会だけではなく、エンタメ、スポーツなど幅広い範囲をカバーするものなので、本書の章立てもそれに準じました。ですが、これはあくまでも、訳に窮した単語に出あった分野が、例えば政治だったという意味の章立てです。言葉は分野を超えて使われるので、専門語でない限り、ある分野で出てきた言葉が他の分野でも使われることは自然なことです。

　では、放送通訳者が訳出に窮した言葉やフレーズを通じて、言葉の世界とニュースの世界をご一緒に見ていきましょう。

袖川裕美

Contents

はじめに 3

Part 1
社会ニュース＆ドキュメンタリーで出あった言葉

01 **Would you talk us through it?**
訳せないわけではありませんが…… 12

02 **hunker down**　しゃがみ込んでいるだけではありません 15

03 **a fly on the wall**　壁にハエあり 19

04 **weather system**
システムといっても、いろいろあります ①　お天気編 21

05 **brave new world**　勇気ある新世界って、どういう世界？ 25

06 **beyond reasonable doubt**　疑いを超える……って？ 29

07 **The jury is [still] out.**
陪審団は [まだ] 外出中 32

08 **gender dysphoria**　ジェンダーの不幸……？ 38

Column 01　放送通訳と声 44

Part 2
スポーツ・エンタメ番組で出あった言葉

09 **money note**　紙幣？　家計簿？　違います、音楽です 48

10 **FOMO**　何かの組織名かと思いました 52

11 under-represented 代表していない? ⋯⋯⋯⋯⋯ 56

12 toolbox IOCバッハ会長の道具箱です ⋯⋯⋯⋯ 61

13 The stakes are high.
"リスク高い"系です ①　スポーツ編 ⋯⋯⋯⋯⋯ 65

14 That's not a part of the equation.
方程式の項ではない⋯⋯? ⋯⋯⋯⋯⋯ 68

Column 02　BBCダディ ⋯⋯⋯⋯⋯⋯⋯⋯ 72

Part 3
政治ニュースで出あった言葉

15 lines in the sand 砂浜でお絵描き? ⋯⋯⋯⋯ 76

16 arguably これって、使ったことありますか ⋯⋯⋯ 79

17 teething problems
EU離脱前後の"くせのある"表現 ①　いじめ (teasing) 問題か? ⋯ 83

18 every jot and tittle
EU離脱前後の"くせのある"表現 ②　jotはjob (仕事)? ⋯ 86

19 twenty-twenty 20-20って、2020年のこと⋯⋯? ⋯ 89

20 huffing and puffing
2つの言葉をつなげたフレーズ ①
フーフー、ハーハー。通訳はいつもそんな感じ ⋯⋯ 93

21 wishy-washy
2つの言葉をつなげたフレーズ ②　ウッシッシ? ⋯⋯ 96

22 nitty-gritty
2つの言葉をつなげたフレーズ ③　ニッティって編み物と関係ある? ⋯ 98

23 optics 光学関係の言葉? ———— 100

24 hot potato 熱々のジャガイモ、おいしそう ———— 104

25 over the horizon 水平線のかなたに ———— 108

Column 03 同時通訳の先駆者 ———— 114

Part 4
大統領演説・大統領選で出あった言葉

26 franchise と disfranchise
フランチャイズと言われてもピンときません ———— 118

27 ecosystem もちろん「生態系」を意味するのですが…… ———— 122

28 The stakes are high.
"リスク高い"系です ②　政治編 ———— 125

29 double down on 倍にするのはわかりますが…… ———— 128

30 straight from the shoulder
肩からまっすぐに……? ———— 132

**31 It's never ever been a good bet
to bet against America.**
バイデン大統領の施政方針演説 ①
アメリカに賭けるのは、いいこと? 悪いこと? ———— 137

32 trickle down
バイデン大統領の施政方針演説 ②
富がしたたり落ちるトリクル・ダウン ———— 142

33 the last person in the room
最も〜しそうもない人と習った! ———— 148

34　trumpify と de-trumpify
まだまだ続くトランプの影響？ ‥‥‥‥‥‥‥‥‥‥‥‥‥‥‥‥‥‥ 153

Column 04　ヤバイっす ‥‥‥‥‥‥‥‥‥‥‥‥‥‥‥‥‥‥‥‥‥‥ 158

Part 5
経済ニュースで出あった言葉

35　hot on the heels of 〜　踵（かかと）の上が熱い？ ‥‥‥‥ 162

36　Tesla parks in the S&P 500.
テスラがS&Pに"上場"した？ ‥‥‥‥‥‥‥‥‥‥‥‥‥‥‥‥‥‥ 165

37　David and (vs.) Goliath
「ダビデと（対）ゴリアテ」ってナニ？ ‥‥‥‥‥‥‥‥‥‥‥‥‥ 169

38　systemic crisis
システムといっても、いろいろあります ②　システミック編 ‥‥ 173

39　Devil is in the detail. God is in the detail.
悪魔は細部に宿り、神は細部に宿る ‥‥‥‥‥‥‥‥‥‥‥‥‥‥ 177

40　enable　enableの使い方に"異変"？ ‥‥‥‥‥‥‥‥‥‥‥‥ 183

本書に登場する主な人名一覧 ‥‥‥‥‥‥‥‥‥‥‥‥‥‥‥‥‥ 189

主なメディア名・参考文献 ‥‥‥‥‥‥‥‥‥‥‥‥‥‥‥‥‥‥ 194

おわりに ‥‥‥‥‥‥‥‥‥‥‥‥‥‥‥‥‥‥‥‥‥‥‥‥‥‥‥ 196

＊本書に記載している情報や用語は2021年10月時点のものです。
＊各メディア内で使用された表現は、放送（掲載）当時のものです。

社会ニュース＆ドキュメンタリーで出あった言葉

01 Would you talk us through it?

訳せないわけではありませんが……

いつの頃からか、BBCやCNNのプレゼンターが、現地のレポーターや専門家に意見を求めるときに、この表現を好んで使っていることに気づきました。頻繁に出てくるので、トレンドなのだと思います。意味は、辞書を引くまでもなく、「〜について説明してくれますか」です。talkは、言わずと知れた「話す」という基本のキの単語ですし、状況からいっても、「〜についてお話しください、説明してくれますか」であることは明白です。もっと言うなら、簡略化して「〜についてはどうですか」といった、万能型の多少 "逃げを打った" 訳語でも問題ないでしょう。それでも、初めてこのフレーズを訳したときは、「〜についてお話ししていただけますか」と言いながらも、若干の不安を感じたことを覚えています。

改めて辞書で調べてみると、「〜について一通り説明する、一部始終を話す」と書かれています。throughという前置詞を使うことで、ずうっと通して、全体的に、隅々までというようなニュアンスが出るのですね。なるほど。実際の使用例からは、状況や背景説明を求めるとともに、話者の考えを尋ねていることも多いので、throughで幅広さが表現されているのでしょう。

ところが、あるとき、今度はCNNのキャスターが、**Would you walk us through it?** と言ったのです。「え、**talk us through** ではないの？ これって **talk us through** と同じ？ walk（歩く）だから現場に行った？」こんなアレコレが頭の中にどっとあふれました。ですが、難しい局面ではないので、取りあえず「それについてはどうですか」で通過できます。

後で調べてみると、**walk us through** も **talk us through** も、意

味に大きな違いはないようです。ただ、**walk us through** のほうは、walk（歩く）を使っているだけあって、動的な要素が加わり、「行動しながら説明する」とのニュアンスが強くなるらしい。簡単な単語でも奥が深いのです。また、through の後に it や that をつけずに使う場合も多く、そのまま **Walk us through.** と簡潔にレポーターに言っている CNN のプレゼンターもいました。

　そんなふうに思っていたところ、BBC の *Italy's Sunken City*（『イタリアの沈んだ都市』/2020）というドキュメンタリー番組で、**walk me through** が出てきました。このドキュメンタリーは古代ローマ帝国にさかのぼり、Baiae（バイア）という温泉の出るリゾート地が、火山活動の結果、水中に没してしまったという話です。今も、水中に別荘や工芸品、彫刻などが眠っています。水中遺跡があるなんて初めて知りました。このなかで、国立地球物理学火山学研究所の研究者が出てきて、レポーターにいろいろと説明します。**He walked me through how the monitoring system works.**（遺跡に対する水中監視システムがどのように機能するのか説明してくれました）。映像を見ていると、確かに言葉だけでなく、具体的に装置がどのように機能するか、機械を前に説明していました。私は、たまたま walk me through の意味を確認したばかりだったので、この場面でこのフレーズに遭遇したことがうれしく、自信を持って訳しました。

　また、**talk me through** では、こんな例も見つけました。イギリスの政治経済誌である *The Economist* の obituaries（死亡記事）のベテラン編集者への社内インタビューが動画配信されたときのことです。聞き手が、**Talk me through once you've picked your subject which is on Monday, I think.**（確か月曜日に誰について書くか決めるんですよね。その後はどうするのか、一通りお話しください）と言ったのです。**through** の後に it や that がな

くても、誰について書くか決めた後の工程を一通り説明してほしいと言っているのがよくわかります。

　相手の意見や考えを聞くフレーズはいろいろあります。BBC や CNN では、この他にも **What is your take on that?**（～についての見解は？ ご意見は？）や **What do you make of that?**（どう思う、どう考える？）もよく聞きます。前者は、名詞で使う take が新鮮です。後者は、個人的には大学受験の参考書に出たときに覚えた言葉でしたが、実際に使われる場面に出くわすことはめったにないと思っていたら、最近ではお付き合いが増えました。他には、**Let me have your view on that.**（それについて、ご意見をお聞かせください）、**What is your reaction?**（ご感想は？）などが記憶にあります。日本人はどう思うかと聞くときに、**What do you think (of it)?** 一辺倒になりがちです。放送や放送通訳を通して、こういうところに注目するのも一興です。

Key Words

talk us through ～、walk us through ～
～について一通り説明する、一部始終を話す

ニュースによく出る言葉

obituaries　死亡記事

What is your take on that?　それについてはどう思いますか？ 見解は？ ご意見は？

What do you make of that?　どう思いますか、どう考えますか？

Let me have your view on that.　それについて、ご意見をお聞かせください。

What is your reaction?　ご感想は？

What do you think (of it)?　（それについては）どう思いますか？

02 hunker down

しゃがみ込んでいるだけではありません

2020年、世界は新型コロナウイルスで覆われました。

アメリカ国立アレルギー・感染症研究所のアンソニー・ファウチ所長は、感染症研究の第一人者として、トランプ政権に続いてバイデン政権でも、新型コロナ対策の首席医療顧問を務めています。そのファウチ所長が、これまで何度か **hunker down** という言葉を使って、新型コロナに備えるように語ってきました。例えば、2020年9月にCNNで、**We need to hunker down and get through this fall and winter because it's not going to be easy.** と発言しています。

私の知っている **hunker down** は、しゃがみ込む、うずくまるという意味なので、ここは、「我々は身を低くして秋冬を突破しなくてはなりません。容易ではなさそうですから」と理解しました。「しゃがみ込む」は変なので、派手に動き回らないという意味だととらえ、少し工夫したつもりの訳です。しかし、これではまるで、目立たないようにしていればウイルスに見つかって捕まることはないと言っているみたいです。我ながら笑える訳で、科学者の発言としてはあり得ませんね。

調べてみると、**hunker down** には、しゃがみ込むに加えて、体を丸める、背を曲げる、隠れる、潜伏する、(批判・反対に対して)突っ張る、我を通す、腰を据える、本気になるという意味があります。実際のしゃがみ込む動作が、徐々に抽象化され、引っ込んでいるどころか、前向きに取り組むところまで意味を拡大させています。文脈によっては、「雌伏十年」といった固い訳語も可能でしょう。ですから、前述の発言は、「我々は本腰を入れて対応し、秋冬を突破していく必要があります」となります。

この頃、アメリカではすでに新型コロナの感染者が600万人を超え、死者も20万人に及び、世界で最も深刻な状況だったので、秋冬への警告はもっともなことでした。

なお、**hunker down**は、for 〜 をつけた**hunker down for 〜**という表現もよく使われるようです。こちらのほうが、何に対してか明示されるので、「腰を据える」、「本気で取り組む」の意を汲みやすくなります。例えば、2020年3月、新型コロナの感染拡大のなかで、ブレグジット交渉を本格化するに際し、**Let battle commence: Britain and EU hunker down for talks.**（*Financial Times* 2020/3/1）「戦闘開始：イギリスとEU、交渉に本腰」という見出しが出ましたが、わかりやすく思えます。

また面白いのは、同じ話題で**hunker down**の意味するところを使い分けている例がありました。2021年2月に猛烈な寒波に見舞われたアメリカ南部のテキサス州では、断水や停電が発生して死者も出る事態となり、異常気象だけでなく、アメリカのインフラ問題もあらわになりました。ヒューストンの地元紙は、**City prepares to hunker down for 'unprecedented' winter storm.**（*The Houston Chronicle* 2021/2/14）（ヒューストン市は、前例のない冬の嵐［大寒波］に対応するため、準備をしている）と伝えました。さらにアメリカの公共ラジオ局NPR（*National Public Radio* 2021/2/21）は、**As snow fell and temperatures plunged, most Texans hunkered down indoors.**（雪が降り、気温が下がるなか、多くのテキサス人は室内に体を丸めて籠もっていました）と言っています。前者の**hunker down**は「取り組み」を意味し、後者は寒さに震えて体を丸めている住民を描写しています。いずれにしろ、最初の語義だけ覚えていても通用しないのでした。

ファウチ所長の話に戻ります。所長は、また、あちこちで**draconian measures**（厳しい措置）という表現を使っています。

draconianとは、法律がきわめて厳格な、過酷なという意味で、古代アテネの厳格な執政官 Draco（ドラコン。紀元前7世紀、成文法を初めて制定）からきています。dragon（竜）の語源でもあります。ファウチ所長は、例えば **Some areas of the country will likely again need temporary "drastic" and "draconian" measures — such as shutdowns or the suspension of elective procedure.**（一部の地域では、再度、閉鎖や選挙手続きの一時中止といった、「劇的」かつ「厳しい」対策が一時的に必要になるでしょう）（*BW Businessworld* 2020/12）と言ったりしています。

　私がこの言葉に意識が向くのは、ロンドンのBBCワールドで通訳を始めたばかりの頃に覚えたbig word（ビッグ・ワード：難しい単語）のひとつだからです。BBCでは今もよく耳にします。そのため、しばらくの間イギリス英語だと思い込んでいましたが、ファウチ所長の発言からもわかるように、英米語に関係なく使われます。コロナ禍では、感染対策として draconian travel restrictions（厳格な渡航制限）、draconian and authoritarian lockdown（厳格で強権的な都市封鎖、ロックダウン）、draconian penalties（厳罰）を課した国もありました。

Key Words

hunker down
しゃがみ込む、うずくまる、体を丸める、背を曲げる、隠れる、潜伏する、（批判・反対に対して）突っ張る、我を通す、腰を据える、本気になる

ニュースによく出る言葉

draconian measures　厳しい措置
draconian travel restrictions　厳格な渡航制限
draconian penalties　厳罰

03 **a fly on the wall**

壁にハエあり

　日本語に「壁に耳あり、障子に目あり」ということわざがあります。隠し事をしようとしてもどこで誰が見たり聞いたりしているかわからない、秘密は漏れやすいことを戒めたたとえです。このことわざの"耳"や"目"に当たるのが、こちらの **a fly on the wall**（壁に止まっているハエ）です。こっそり聞き耳を立てている人、人に気づかれないように観察している人という意味です。

　何かの経済スキャンダルについてだったと思うのですが、あるとき日経 CNBC のプレゼンターが **We want to be a fly on the wall.**（私たちも、壁のハエのように、こっそり観察したいです）と言いました。通訳に入っていた私は、ハエ？ 飛ぶ？ と思って、思考停止になったのを覚えています。

　日本人の感覚では、ハエはうるさく、やたら飛び回るイメージがあるので、じっくり見聞きして、ときには鋭い観察眼を発揮するようなハエはイメージしにくいですが、このフレーズはちょっと気持ち悪く、奇妙なので印象に残ります。

　イギリス王室から離脱したハリー王子夫妻（サセックス侯爵夫妻）が、2021年3月にアメリカの著名テレビ司会者・オプラ・ウィンフリーの特別番組に出演して、王室が人種差別的だとの爆弾発言をし、世界を驚かせました（173ページ **systemic crisis** 参照）。番組では主にメーガン妃が話しましたが、あわせて、結婚前の2012年の人種差別反対キャンペーンで行った発言も注目されました。**I'm biracial. Most people can't tell what I'm mixed with, and so much of my life has felt like being a fly on the wall.**（私は［黒人と白人の］人種が融合しています。多くの人は、私がどんな

混血なのかわからないでしょう。私の人生は、壁に止まったハエ
のようだったと感じています）と言ったのです。この発言では、差
別されようと、じっくりと見るものは見るといった思いが、壁のハ
エに託されています。

実は、その1ヵ月ほど前に、まるでメーガン発言につながる何か
があるかのような、ちょっとした出来事がありました。50年間放映
禁止となっていたイギリス王室に関するドキュメンタリーが、ほん
のひととき YouTube で視聴できるようになったのです。ところ
が、すぐまた削除されました。その件が、こんなふうに伝えられま
した。**A fly-on-the-wall documentary about the royal family
has mysteriously resurfaced on YouTube 50 years on —
before being quickly removed.**（*Sky News*）（イギリス王室に関
するドキュメンタリーが、どういうわけか謎ながら、YouTube で
50年ぶりに再登場しました。が、すぐに削除されました）。この番
組は、1969年に王室が日常生活の撮影を BBC に許可して制作さ
れたドキュメンタリーで、視聴率トップクラス（3千万人視聴）の番
組となりました。しかし、王室側の意向があったらしく、すぐに放
映禁止となりました。なお、**fly-on-the-wall** は、人々の自然な姿
を撮る映画撮影の手法を指し、**fly-on-the-wall documentary** は
そうした手法で撮ったドキュメンタリーのことです。

別の例をあげてみます。サイバー攻撃が日常化するなか、ハッ
カーの行動がこのフレーズを使って描写されました。**Hackers,
for instance, have been known to silently observe — like a
fly on the wall — as threat intelligence consultants test the
organization's networks and processes for weaknesses.**
（*FCW [Federal Computer Week] Insider* 2018）（脅威情報コン
サルタントが、脆弱な点がないか、組織のネットワークとプロセス

をテストしているときに、ハッカーは、例えば——壁のハエのように——じっと観察していることがわかっている）。

　最後の例は、オバマ元大統領の8年間の大統領職を撮った専属カメラマンのピート・ソウザ氏の言葉です。2018年4月にアメリカの月刊誌 *The Atlantic* のインタビューに応えて、**It was like to be a fly on the wall of the Obama presidency.**（それは、まるで［壁に止まったハエさながら］オバマ大統領をじっと観察するようなものでした）と言いました。2016年6月のBBCのインタビューでも——私は通訳に入っていましたが——「オバマ氏は子どもを相手にしている写真にすばらしいものが多いが、大統領および人物としての全体像を描くためには、政権運営に苦しむ姿や、イスラム過激派への対応に苦慮し、銃乱射事件に涙する姿も必要だ」と語っていました。

　これらの例からわかるように、**a fly on the wall** には必ずしも「盗み撮り」とか「盗み聞き」のような否定的なニュアンスがあるわけではありません。あくまでも、冷静な観察者です。日本語のハエが与える印象とはかなり違うので要注意ながら、ハエのどこに焦点を当てるかが両言語・文化で違っているのが、興味深いです。

Key Words

a fly on the wall
壁に止まっているハエ。こっそり聞き耳を立てている人、人に気づかれないように観察している人

fly-on-the-wall　（形容詞）人々の自然な姿を撮る映画撮影の手法について
fly-on-the-wall documentary　自然手法で撮ったドキュメンタリー

04 weather system

システムといっても、いろいろあります ①
お天気編

　初めてCNNの同時通訳に入ったときのこと。2009年の末頃でした。印象に残ったのは、天気予報で **system** という言葉が出てきたことです。天気予報のコーナーはBBCワールドにもあるので、それまでも通訳してきましたが、気象に関する何かを **system** と呼ぶ表現に遭遇したのは、そのときが初めてでした。訳出そのものは、**system** の正確な訳語を知らなくても、なんとかなりましたが、あれは何だったのか気になりました。

　system のような抽象性のある基本単語は、いろいろな意味があるものです。辞書を見ると、組織、組み立て、体系、制度、体制、系統、系、組織的な方法、手順、秩序、規則、もちろんコンピューターのシステムなどが出てきます。ですが、そのときは、普通に辞書を引いても、ネットを見ても、該当する訳語が見つかりません。天気と **system** の組み合わせに若干の違和感を覚えながらも、漠然と気象のある現象を指しているのだろうと思い、その後も訳出に支障がないことから、やり過ごしてきました。

　ところが、ふと気づくと、BBCの天気予報でも **system** を使う気象予報士が増えているのです。例えば、2021年春頃の天気予報では、低気圧の話をした後に、**The weather system is blowing in southern China.**（中国南部では、低気圧［という気象状況］が発達しています）と言っていました。

　改めて調べてみると、『ランダムハウス英和大辞典 第2版』（小学館/1993）の語義の最後の20番目に、ようやく気象用語として「大気状況」が出てきます。が、『新英和大辞典 第六版』（研究社/

2002) や『ジーニアス英和大辞典』(大修館書店/2001)にはこの語義はありません。1979年に刊行された『ランダムハウス英和大辞典』(第1版に相当)にも、オンラインの *Cambridge Dictionary* にも、こういう定義は掲載されていません(2021年10月時点)。ということは、気象に関わる **system** の用法は比較的新しく、主にアメリカで使われてきたと言えそうです。

『ランダムハウス 第2版』では、**high pressure system**(高気圧配置)、**storm system**(嵐の大気状況)、**weather system**(気象状況)、**a Pacific frontal system**(太平洋前線)という用例が出ていますし、今ではネットにさまざまな用例が出ています。

例えば、BBC は 2021年のテキサス大寒波について **Cold air outbreaks such as these are normally kept in the Arctic by a series of low-pressure systems.**(このような寒気吹き出し[北極寒気団]は、通常なら一連の低気圧配置によって北極にとどまっています)と言っていました。

ここまで使われている事例を見ても、それでも天候における **system** の意味が感覚的にしっくりこないのは、訳語となっている組織、制度、体系、コンピューターシステムなどから想像される、かっちり、しっかりした仕組みの **system** のイメージと、日本人の思い描くお天気の緩いイメージ──お天道様のことはわからない、予報は外れるかも──が相いれないからではないでしょうか。個人的な語感かもしれませんが、英語の **weather system** の意味するところは、おそらく気象学的な規定に沿った、かっちり、しっかりした気象状況であり、外れるかも……といった日本人ののんびりしたお天気観とは違うような気がします。

訳に窮したわけでも、語義が難しいわけでもない **system** ですが、天気と結びついたとき、個人的には、英語と日本語のイメージの違い、観点の違い、さらには文化の違いを感じさせる興味深

い言葉となりました。

天気予報で使う意外なフレーズ

また、天気予報に関して意味不明に見えたフレーズを他にあげると、**Down Under** があります。BBCで文字情報として下段に出てきたのですが、最初は「？」でした。down も under も下という意味なので、下の下？ 低気圧が下に動いた？ 気温が下がった？ そうではありません。**down under** は副詞句で、（英米から見て）地球の反対側に、地球の裏側に、オーストラリア［ニュージーランド］に、という意味です。最初の文字を大文字にする **Down Under** は名詞になり、オーストラリア、ニュージーランド地域を指します。英米中心のずいぶんと"自己中"な言葉ですね。

また、思い浮かぶ意外な用法は、brew（ビールなどを醸造する）です。台風や嵐が起きそうなとき、発生するときは、develop（発達する）も brew も使います。

例えば、**Another area of low-pressure will be brewing over the central Rocky mountains.**（*BBC* 2021/2）（別の低気圧が、中部ロッキー山脈上空で発生するでしょう）。

Five tropical storm systems were brewing in the Atlantic Ocean at the same time.（*Down To Earth* 2020/9/14）（5つの熱帯性暴風雨が、大西洋上に同時に発生していた）。

さらに、**A storm is brewing.** は、問題が起こりそうだ、困ったことになりそうだ、という比喩的な意味もあります。

ついでに、天気予報に関して注意しなくてはならないことといえば、台風の呼び方です。台風やハリケーンには英語の名前がつきますが、日本は台風を名前ではなく番号で呼びます。通訳者は言い換えなくてはならず、神経を使います。また、気温を華氏（主

にアメリカで）で言われても日本人には実感が湧きません。理想的には摂氏に"換算"したほうがいいわけですが、同通でそこまではできません。ですが、通訳者のなかには、「換算表」を脇に置いて、華氏から摂氏に巧みに言い換える人もいます。すごい！

　天気に関わる表現も知らないことばかりで、これらはほんの一例です。ですが、天気の通訳をやるようになって、日本のテレビの天気予報を注意して聞くようになりました。それらしく通訳するには、気象予報士のまねをするしかないので。

Key Words

weather system
気象状況

high pressure system　高気圧配置
storm system　嵐の大気状況
a Pacific frontal system　太平洋前線

ニュースによく出る言葉

down under　（英米から見て）地球の反対側に、地球の裏側に（で）、オーストラリア［ニュージーランド］に（で）
Down Under　オーストラリア、ニュージーランド地域
brew　ビールなどを醸造する、台風や嵐が起きそうである、発生する

05 brave new world

勇気ある新世界って、どういう世界？

　2020年春に、イスラエルの世界的歴史学者・哲学者のユヴァル・ノア・ハラリ氏が、BBCのインタビュー番組 *HARDtalk*（『ハード・トーク』）に出演し、AIによるデータが、新型コロナの感染経路の追跡などに役立つことを評価しつつも、新たな監視社会が生まれることに警鐘を鳴らしました。これに対して、プレゼンターのスティーブン・サッカー氏が、**It's a fascinating glimpse into a positive view of a brave new world.**（"すばらしい新世界"のいい面をちらりと見ると驚嘆しますね）と言いました。しかし、新型コロナウイルスに関しては、多くの偽情報が、トランプ大統領やブラジルのボルソナーロ大統領らポピュリスト（populist：大衆迎合主義者）から流されていて、AIを駆使した **brave new world** が単純にすばらしいとばかりは言えません。このフレーズは、皮肉な意味合いで使われることが多いと言われますが、ここでもそれがうかがえます。

　この言葉を最初に聞いて戸惑ったのも、BBCでのことでした。ロンドンのBBCで放送通訳の世界に飛び込んだばかりの、いわば駆け出しの頃です。文脈は思い出せませんが、そのときは、文字通り「勇気ある新世界」と訳しました。大丈夫のような気がしつつも、「勇気ある新世界」って実際どういう世界だ？ と思ったので、調べたところ、「素晴らしき新世界」という定訳があるではありませんか。シェークスピアの作品 *Tempest*（『テンペスト』）に出てくる台詞が元にあって、イギリス人作家のオルダス・ハクスリーの小説（1932）のタイトルにもなっていました。この小説は反ユートピア（＝ディストピア dystopia、38ページ **gender dysphoria** 参照）

小説なので、**brave new world** には皮肉が込められています。いかにも BBC が使うにふさわしい言葉だと思ったのですが、その後もあちこちで折に触れて耳にするので、イギリスに関係なく、人口に膾炙した表現であることを知りました。

　brave は、文語では、派手な、着飾った、華やかな、すばらしい、すぐれた、立派なという意味です。また、**brave new world** は、長い間、文語的表記の「素晴らしき新世界」が定訳でしたが、今は「すばらしい新世界」と定訳・表記されます。

　では、他の例を見てみましょう。イギリスの子ども向けの医療サイトで、**COVID Ushers in Brave New World of Vaccines**（*The Defender* 2021/1/12）（新型コロナが導く、ワクチンの「すばらしい新世界」）と題して、医師が、ワクチン接種を万能と見ることに警鐘を鳴らしていました。ワクチンは、副反応（adverse effect）についても、感染リスクや死亡の軽減についても不明な点が多く、ワクチン接種を国民全体に実施していくことは、"合意なき医療実験"（non-consensual medical experimentation）だと主張しています。この "合意なき医療実験" を **brave new world** だと皮肉って言っているのです。反ワクチン派の意見が、こんな形で表現されたのでした。

▌ 皮肉が込められていないことも

　ところが、皮肉なニュアンスのない肯定的な **brave new world** もあります。**Why are Elon Musk and Jeff Bezos so interested in space? We the people need to take more control of how we move into the brave new worlds beyond our planet.**（*New York Times* 2021/2/26）（イーロン・マスク氏とジェフ・ベゾス氏は、なぜそれほど宇宙に関心があるのか。我々人間は、ど

うやって地球を超えたすばらしい新世界に入っていくかについて、もっと主体的にコントロールする必要がある）。これはある専門家の見解です。

　イーロン・マスクとジェフ・ベゾスという世界の二大富豪が宇宙開発に巨額の資金を投じています。マスク氏は、自身がCEOを務める宇宙開発企業スペースX（SpaceX）で2026年までに人類を火星に連れて行くという野心を持っていますし、ベゾス氏もアマゾン（Amazon.com）のCEOを退いた後は、自身の宇宙開発企業であるブルー・オリジン（Blue Origin）を通じて、宇宙旅行事業を加速していくと見られます。宇宙はまさに **brave new worlds** です。複数形を使っているのは、いくつもの世界があるという見方をしているからでしょう。ここに皮肉はありません。

　また、もうひとつ、元の表現に言葉を加えながら、皮肉なニュアンスなく使っている例を紹介しましょう。オーストラリアのIT大手のテルストラ（Telstra）が運営するサイトで、通信業界の大物マイケル・イベイド氏が発言しました。**Many sectors, from professional services to education and even the arts, have discovered a brave new virtual world during the COVID-19 pandemic.**（プロのサービスから教育、アートまで多くの部門で、新型コロナの感染拡大期にバーチャルなすばらしい新世界を発見しました）。この発言の後に、遠隔業務・学習、診療、会計、フィットネス、会議、パフォーマンスまで、さまざまなことを遠隔で行うことに対し、肯定的な評価が続きます。

　こちらの **brave new world** にも皮肉や否定的な意味合いはありません。言葉のニュアンスが、時を経るうちに徐々に変化してきたのかもしれません。新型コロナという非常事態に直面した人類は、今後もあらゆる局面で **brave new world** と対峙していくこと

になるでしょう。なので、由緒正しい出自のこの言葉が古びること
はなく、これからもまだまだ出番がありそうです。

Key Words

brave new world
すばらしい新世界

ニュースによく出る言葉

populist　ポピュリスト、大衆迎合主義者
dystopia　反ユートピア、ディストピア、暗黒郷、地獄郷
adverse effect　副反応
non-consensual medical experimentation　合意なき医療実験

06 beyond reasonable doubt

疑いを超える……って?

放送通訳の現場には、当然のことながら、裁判のニュースも入ってきます。そのため、一般的な法律用語も押さえておく必要がありますが、英語も日本語も特殊な言い回しが多く、厄介な分野です。ですから、**beyond reasonable doubt**が久々に出てきたときは、「あっ、何だっけ」と固まりました。

ナイジェリアで起きた原油流出事故による環境汚染をめぐり、現地の農業従事者らがイギリス・オランダ石油大手のロイヤル・ダッチ・シェル(Royal Dutch Shell)とその現地法人に損害賠償を求めていた裁判で、2021年1月、オランダ・ハーグの控訴裁判所が、シェル側に損害賠償の支払いを命じました。なんとシェル側が敗訴したのです。

裁判が始まったのは2008年なので、判決が出るのに13年もかかりました。この間に、訴えた4人のうちの2人が亡くなりました。長い裁判だったので、ニュースで時折報道されていたことから、おおまかなことは覚えていましたが、細部は同時通訳しながら理解していくしかありません。それでも、シェル敗訴は大きなニュースなので、同通中ながらも、農家の人たちに小さな拍手を送っていました。

問題のナイジェリアのニジェール・デルタ地帯では、2004年から2007年まで石油パイプラインから原油が漏れる事故が頻発したため、ニジェール川の生態系が破壊され、環境汚染が深刻になりました。住民は川で魚を捕ったり、沐浴したり、水を飲んだりしていましたが、それもできません。農地は荒れ、作物も取れず、がんや皮膚病が多発します。石油は国の経済を潤したかもしれませんが、地元の人々の生活は困窮しました。これに耐えかねた農業

P
A
R
T

1

社会ニュース&ドキュメンタリーで出あった言葉

従事者4人が訴えを起こしたのです。2013年には、シェル側の責任を一部認める判決が言い渡されたものの、農民側の勝訴とまでは言えず、控訴。さらに時を経て、今回の判決に至りました。

これまでの月日のなかで、地元の若者が抗議のため破壊活動を行ったことがあり、シェル側は、原油漏れが起きたのはそのためだと主張。ですが、今回の判決では、**Sabotage was not a proof beyond reasonable doubt.**（破壊行為は、合理的疑いの余地のない証拠とまでは言えない）とされました。通訳をしていた私は、**beyond reasonable doubt** のところで詰まり、「破壊活動は証拠にはなりませんでした」と言って、危ない部分の通訳を回避しました。これでも意味は通じなくはありませんが、司法特有の表現がないと、裁判の香りがなくなります。また、sabotage が誰のどんな活動を指すのか、それが認められないことが、誰のプラスに働くかも、その場では理解できませんでした。

検察官というのは、合理的な疑いを超える（**beyond (a) reasonable doubt**、a が入った形もあり）レベルまで、犯罪事実を立証しなければならないそうで、今回は、破壊活動が、合理的疑いの余地のない証拠とまでは言えないと言ったのです。これは、「疑わしきは被告人の利益に」の原則に基づくものです。英語では、ラテン語の in dubio pro reo という言葉がそのまま使われたり、innocent until proven guilty（有罪が証明されるまでは無罪、推定無罪）が使われたりします。日本人には「疑わしきは罰せず」という表現のほうが、なじみがありますね。また、同様の内容を表現するのに、**give 〜 the benefit of the doubt** という言い方もあります。これは、「疑わしいところはあるけれど、とりあえず信じる」、「大目に見る」、「善意・好意的に解釈する」という意味で、日常的な場面でも使われます。

こうした語句の共通点は、みな、持って回った感じがするため、一瞬固まってしまい、記憶を探り、論旨を追求する意思が萎えて

しまうことです。前述の例だけでも、**doubt** や **proof**、**proven** などがいくつも出ているので、整理しておかないと、覚えたと思っても、また現場で混乱する恐れがあります。

それにしても、ごく普通のナイジェリアの農民が石油大手を相手に裁判で勝ったことの意義は大きく、今後、シェルや石油掘削に関わる他の企業への訴訟が起きるかもしれません。補償の金額は後に決定されるとのことですが、勝訴した農民側のひとりが大喜びで The common man in Nigeria now has hope.（ナイジェリアの庶民も今は希望が持てます）と言っていました。この話は169ページの **David and (vs.) Goliath**（ダビデと（対）ゴリアテ）の「小人が巨人を打ち負かす」につながります。

なお、*Beyond a Reasonable Doubt* は、1956年のアメリカのサスペンス映画のタイトルになっていて、『条理ある疑いの彼方に』（フリッツ・ラング監督）と訳されましたが、そのリメイク版は『ダウト～偽りの代償～』（ピーター・ハイアムズ監督/2009）と訳されています。訳語の変化に時代の流れを感じます。

beyond reasonable doubt
合理的な疑いを超えて

proof beyond (a) reasonable doubt　合理的疑いの余地のない証拠

ニュースによく出る言葉

sabotage　破壊行為、破壊工作、妨害活動　＝ vandalism
in dubio pro reo, innocent until proven guilty　疑わしきは被告人の
　利益に、有罪が証明されるまでは無罪、推定無罪、疑わしきは罰せず
give ～ the benefit of the doubt　とりあえず信じる、大目に見る、善意・
　好意的に解釈する

07 The jury is [still] out.

陪審団は [まだ] 外出中

jury というのは陪審のことです。英米では陪審員 (**juror**) としての務め (**jury duty** 米、**jury service** 英) というのがあって、一般市民に陪審員を務めるよう要請します。これは特別な理由がない限り、断れません。「仕事があるから」は理由にならないそうです。

裁判では原告、被告双方の主張や証人喚問があります。最後に **deliberation** と呼ばれる審議 (討議、熟慮、熟考) の時間が設けられ、陪審員たちは法廷から席を外し (**The jury is out.**)、自分たちだけで有罪か無罪かを審議します。その後、法廷に戻ってきて、評決を示します。ですから、**The jury is still out.** は、陪審団はまだ戻っていない、評決はまだ出ていないという意味になり、裁判以外の場でも、結論 (判断結果) はまだ出ていないという意味で使われます。

この表現を初めて聞いたのは、いつ頃だったのか覚えていませんが、私は長い間、間違った解釈をしていました。陪審員が外に出ているということは、もう審理が終わって、お役御免になった、つまり、「結論が出た」と真逆に解釈していたのです。国内の司法制度を理解するのさえ容易ではないのに、外国の司法制度となれば一段とハードルが高くなります。陪審制度とは、法の素人である一般市民が有罪か無罪かを決める制度であるという以上のことは、わかっていませんでした。その上、裁判以外でこの表現が使われても、「陪審団が外に出ている」と言えば表面的には問題ないため、間違いに気づくのが遅れました。

ところが、あるとき Suits (『スーツ』) というアメリカの人気テレビ番組 (あのメーガン妃も結婚前に出演/2011～19) を見ていて、

この間違いにハタと気づいたのです。番組の舞台はニューヨークの法律事務所なので、裁判の場面がよく出てきます。審理が終わると陪審員が法廷から出ていき（**The jury is out.**）、時には何日間もかけて評議することもあるのでした。そうか、そういうことだったのか。それまでの自分の間違いにぞっとしましたが、「なるほど」感にも満たされました。

では、**The jury is [still] out.** について、最近の事例を紹介しましょう。

▌1. 新型コロナウイルスの起源

新型コロナウイルスの起源をめぐっては、WHO（世界保健機関）が2021年1月に中国に国際調査団を派遣して調査し、ウイルスが武漢ウイルス研究所から流出した可能性は少ないとの報告を出しました。しかし、これに納得しないアメリカは、**The "jury's still out" on whether China has been fully transparent on the coronavirus pandemic.**（*Reuters* 2021/2/10）（中国が新型コロナの世界的大流行に関して、完全に透明性をもって解明に取り組んでいるかは、まだ判断できない）と述べました。

その後、バイデン大統領は、アメリカ情報機関に起源解明に向け、再度調査するよう命じましたが、武漢の研究所流出を断定することはできませんでした。WHO も再調査を呼びかけましたが、中国は強固に抵抗を示し、逆に「米国起源説」や「米国からの圧力」を訴えています。米中対立がここでも泥仕合の様相を見せています。信頼できる科学的な結果がいつかは出るのでしょうか。まさに **The jury is still out.** です。

■ 2. 石油の協調減産

　OPEC（石油輸出国機構）にロシアなど非加盟産油国を加えた
OPECプラスは、2021年7月の閣僚級会合で、減産縮小で合意し
ました。OPECプラスは、2020年、コロナ禍による需要の落ち込
みと価格急落を受けて、過去最大の日量1000万バレルの減産に踏
み切りました。その後、減産幅を徐々に縮小。世界経済がコロナ
禍から回復するなかで、原油価格が再び上昇してきたことを受け
て、今回は、8月から12月まで毎月日量40万バレルの縮小で合意
しました。また、今回の協調減産（coordinated production cut）
は22年末まで延長することでも合意しました。

　しかし、これに至るまでは多くの駆け引きがあり、先行きが見通
せないことから、BBCに出演した経済アナリストは、**The jury is
out.**（結論は出ていません）と言っていました。

　石油産業界は、コロナ後の短・中期見通しもさることながら、長
期的見通しが厳しくなっています。気候変動問題によって、カー
ボンニュートラル（carbon neutral：温室効果ガスの排出量と吸
収量がプラスマイナス・ゼロになること）、ゼロエミッション（zero
emission：排出をゼロにする。あらゆる廃棄物を有効活用するこ
とで、廃棄物を出さない資源循環型の社会システムにする）が提
唱され、脱炭素（decarbonization）が鮮明になっているからです。
世界経済に圧倒的な力を見せてきた産油国が、経済の多角化を求
められています。

　こうしたなか、OPEC内の両雄であるサウジアラビアとアラブ
首長国連邦（UAE）の間では、脱石油戦略における競合が鮮明に
なってきました。また、イエメン内戦への対応やイスラエルとの関
係正常化をめぐっても（2020年にUAEはイスラエルと国交正常
化しますが、サウジは追随せず）、足並みの乱れが目立つように

なっています。

　私は、以前にUAEと日本政府の租税交渉を通訳したことがありました。難しい内容なのに資料もなく、打ち合わせもできず、最悪ボロボロの通訳だったのですが、最後にご飯に誘われたり、翌年また依頼が来たりと二転三転した仕事でした。そのため、UAEと聞くとある種なつかしく思い出します。石油によって、所得税もなく、法人税もなく、教育も医療もタダの国。打ち合わせを切望する私の思いをよそに、会合前にのんびりとお茶をしていた政府高官たちも、急速に変化する厳しい現実に直面しているのでしょうか。一方で、この間ドバイは中東のハブとして存在感を増してきています。単に石油に依存する国というだけではないのかもしれません。石油経済の先の中東情勢も **The jury is still out.** です。

▌3. アメリカのアフガニスタン侵攻と米軍撤収

　2021年8月15日に、イスラム原理主義勢力タリバンがアフガニスタンのカブールを制圧したという衝撃のニュースが入ってきました。バイデン大統領が4月に米軍の撤退（U.S. troops withdrawal）を発表してから、タリバンは次々と主要都市を攻略。首都カブールの制圧まではないだろうとの大方の見方を裏切って、短期間にカブールも陥落させてしまいました。

　バイデン大統領は、その1ヵ月前の7月8日の記者会見で、**So the question now is, where do they go from here? The jury is still out. But the likelihood there's going to be the Taliban overrunning everything and owning the whole country is highly unlikely.**（タリバンがここから、どこに向かうのかは、まだ判定は出ていません。ですが、タリバンがあらゆる面で圧倒し、国全体を所有するようなことは、まずないでしょう）と言っていたにもかかわらず、です。

陥落後の混乱が連日報道され、アメリカをはじめ各国政府が、国外退避を求める大使館員や自国軍に協力してきたアフガン人を航空機で退避させていきました。その一方で、安全な退避を保証すると言っているタリバンが、前政権の警察長官の銃殺や反逆者の捜索など"血の報復（bloody reprisal）"を開始したという報道も入ってきました。

　こうした事態にバイデン政権への批判は日増しに強くなっていきますが、混乱のすべてが、バイデン政権の責任とばかりは言えないでしょう。そもそも、2021年5月1日を期限とした米軍の撤収で、タリバンと合意したのはトランプ前大統領です。撤収はアメリカ世論も支持していました。長期的には、これは20年にわたるアメリカのテロ対策、アフガニスタン政策の結果です。さらに、さかのぼればアフガニスタンは太古の昔から帝国が制覇できない「帝国の墓場（graveyard of empires）」と呼ばれる地で、近代を見てもイギリスも旧ソ連も攻め落とすことはできませんでした。

　それでも、タリバンの軍事力について、米情報機関のCIAは何を見誤ったのだろうかとは思います。2003年のイラク戦争のときもそうでした。アメリカはイラクに大量破壊兵器があると言ってイラク戦争を始めたのに、結局はありませんでした。今回の事態で、アメリカの威信は再び失墜しました。それでも、この先については、やはりいろいろな意味で **The jury is still out.** です。

The jury is [still] out.

陪審団は外に出ている、[まだ] 戻っていない、評決は [まだ] 出ていない、結論 (判断結果) は [まだ] 出ていない

jury　陪審、陪審団
juror　陪審員
jury duty (米)、jury service (英)　陪審員としての務め

ニュースによく出る言葉

deliberation　審議、討議、熟慮、熟考
WHO (World Health Organization)　世界保健機関
OPEC (Organization of the Petroleum Exporting Countries)
　石油輸出国機構
coordinated production cut　協調減産
carbon neutral　カーボンニュートラル
zero emission　ゼロエミッション
decarbonization　脱炭素
UAE (United Arab Emirates)　アラブ首長国連邦
U.S. troops withdrawal　米軍の撤退・撤収
bloody reprisal　血の報復
graveyard of empires　帝国の墓場
CIA (Central Intelligence Agency)　中央情報局

gender dysphoria

ジェンダーの不幸……?

▌トランスジェンダー：アメリカの "男性" の場合

BBCのドキュメンタリー番組で *Becoming Andi*（『アンディになるまで』）という作品を訳す機会がありました（2021/5）。生物学的に女に生まれた若者が、何かが違うと感じて生きにくい日々を送るなか、性的アイデンティティが男であると自覚し、男の名前のアンディ（Andi）を名乗っていく過程が描かれています。いわゆる身体的性と性自認が異なるトランスジェンダー（**transgender**）の物語です。

画面に登場するアンディは、声が低めの元気なカワイイ若者ですが、子どもの頃からスカートやドレスが嫌いで、男の子のような服装ばかりしていて、**Maybe that was early symptoms of my dysphoria.**（おそらく、それが初期の頃の自分の性同一性障害の兆候でした）と言っています。**dysphoria** は、euphoria の反対語です。euphoria は、強烈な幸福感、多幸症、上機嫌、陶酔といった意味です。薬物で高揚感いっぱいのハイな気分になることは drug euphoria と言います。**dysphoria** については、私は反射的に訳語が出てくるほど知っている単語ではありませんでしたが、euphoria からの連想で、これに dys- という否定辞がついた言葉として、不幸な気持ち、不幸感という訳語が浮かびました。

その後、画面に **gender dysphoria** という言葉が説明の言葉とともに現れました。自認する性が、生物学的に与えられた性と違うことによる不快感、苦しみというような説明がついていました。辞書によると、**dysphoria** は精神不安感、不快（気分）、身体違和

感といった語義がありますが、**gender dysphoria** に「性同一性障害（性別違和）」という定訳があるのは、このとき知りました。

また、**You just feel extremely dysphoric.**（違和感がひどくて、ひたすら気分が悪いのです）という台詞もあって、**dysphoria** の形容詞も出てきます。アンディは、この言葉を使うことで、単なる気分の悪さではなく、性同一性障害による不快感を言いたかったのでしょう。

なお、dys- は、病気にかかった、困難、不良、悪化というギリシャ語を語源とする接頭語で、病名などによく使われます。dystopia（ディストピア、暗黒郷、地獄郷⇔eutopia 25ページ **brave new world** 参照）、dyslexia（難読症）、muscular dystrophy（筋ジストロフィー）、dysfuction（＝disfunction：機能不全、機能障害）などが思い浮かびます。

ところが、あれこれ調べるなかで、**gender dysphoria** は、実は前にも遭遇していたことに気づきました。*The Economist*（2020/12/12）のコラム、"First, do no harm"（まず、傷つけないこと）で使われていたのです。a feeling of alienation from one's natal sex（自分の生来の性に対する疎外感）という説明もあり、私は赤線まで引いていました。記事の内容は、先進国でトランスジェンダーの子どもが急増しているが、元に戻せないような身体的変更を加えることは後に後悔する事例があるので慎重にというものです。単語を1回で覚えられるわけもなく、覚えては忘れ、忘れては覚えるという過程を繰り返すものですが、それでも「また忘れていた」と思いました。

さて、番組では当然のことながら、性的少数者を表すLGBTQも出てきます。この略語は、今では日本社会でも認知され始めていて、アルファベットのまま使われますが、それぞれの文字が何を意味するかを確認しておきましょう。

L：lesbian　レスビアン　同性を恋愛の対象とする女性

G：gay　ゲイ　同性を恋愛の対象とする男性

B：bisexual　バイセクシュアル　同性も異性も恋愛の対象になりうる人

T：transgender　トランスジェンダー　身体的性と自認する性が異なる人

Q：questioning　クエスチョニング　性的指向や自認する性が定まっていない人

　なお、「レスビアン」や「ゲイ」は放送禁止用語です。同性愛者と言います。またLGBTQだけでは性的少数者のすべてをカバーしきれないことから、LGBTQIA+という言葉もあります。Iはintersex（一般的に定められた「男」「女」のどちらとも断言できない身体構造を持つ人）、Aはasexual（無性愛者。誰に対しても恋愛感情や性的欲求を抱かない人）、+は「など」を意味します。ですが、一般的にはLGBTQが使われています。

　さらに、番組では新鮮に響くmisgenderという言葉も使われていました。At home they still use my dead name and misgender me.（家では、みんな、まだ僕のことを死んだ名前で呼ぶし、僕が言われたくない性別で呼ぶんです）。misgenderは、ジェンダーの区分を間違って表現してしまうという意味の、最近認知された造語です。例えば自分は男として認知されたいと思っているトランスジェンダーに、女を表す呼称や代名詞（she、herなど）を用いることはmisgenderです。

　なお、身体的性と性自認が一致している人のことはcisgenderと言います。トランスジェンダーにだけ言葉が与えられているのは、バランスを欠くとの理由から考えられた言葉です。cis-はこちら側を意味し、trans-（超えて、向こう側）に相対します。

■トランスジェンダー：インドの "女性" の場合

　BBCでは、他にもトランスジェンダーを扱ったドキュメンタリー番組が数多く制作されています。2020年には、アンディとは逆に、身体的性は男だが自認する性は女であるインドのトランスの人（a trans person）の葛藤を描いたドキュメンタリーを訳したこともありました。トランスジェンダーはヒンズー教の伝統社会との間で軋轢が生じますが、最近ではヒンズー教の最大宗教行事にトランスジェンダーの修行者たちが参加できるようになるなど、インドでも変化が起きています。また、ドキュメンタリーの主人公は、トランスジェンダーの美人コンテストに出場することで、家族や社会から認知されるようになりました。ここで drag が「引きずる」ではなく、「女装（する）」を意味することを知りました。

　その後、あるとき、ニューヨークの法律事務所を舞台にしたアメリカの人気テレビ番組 Suits（『スーツ』）を見ていたら、女の受験者に替わって司法試験の替え玉受験をした男の部下に対して、上司が I can picture you in drag.（お前が女装している様子が目に浮かぶよ）とからかう場面がありました。私は、このとき drag の意味がわかったので、妙にうれしくなりました。覚えておく必要のない言葉などないのですね。

■多様性を受容する世界に

　LGBTQ の存在感が高まるにつれ、それに関する報道も確実に増えています。同性婚が2001年にオランダで初めて合法化されて以来、容認の動きが世界で広がっていますし、LGBTQ の人たちの団結を示す集会やフェスティバルなども世界各地で開かれています。一方、中東やアフリカなどでは依然として同性愛自体を法律で禁止していて、厳格化の動きもあります。ロシアでは2020年

に同性婚を事実上禁止する憲法改正を行いました。こうしたことが、みなニュースになるのです。2021年3月に日本の札幌地裁が日本で同性婚を認めないのは違憲であるとの判断を下したときも、BBCが取り上げました。ただ、報道するときも通訳するときも、言葉の選択には繊細な配慮が必要です。

　いつの頃からこうした傾向が顕著になったのでしょうか。少なくとも私がBBCロンドンに着任した1994年頃は、今ほどニュースで取り上げられなかったので、ここ10年〜20年の流れだと思われます。背景には、エイズ（AIDS：acquired immunodeficiency syndrome：後天性免疫不全症候群）の出現が関係していると思われます。1980年代にHIV（human immunodeficiency virus）感染からエイズ患者が増大したことは、世界に衝撃を与えました。今でこそ制御可能な病になりましたが、当時は治療法のない死の病だったからです。と同時に、HIV感染が主に同性愛の男性間の性行為によって伝搬することが明らかになり、男性の同性愛者の存在が社会的に意識されると同時に、このことが性的少数者への関心を高めるきっかけになったように思われます。今では日本でも、LGBTQの人たちを普通に見かけるようになりました。LGBTQは、身体的性は付与のものであっても、ジェンダーは社会的・文化的に獲得するものであることを示しています。性的少数者は昔から存在していましたが、21世紀になって国や文化を超えて顕在化してきたことは、世界レベルでの大きな事象と言えるでしょう。

　人は自分たちが作りあげた社会や文化でありながら、その枠組に息苦しさを覚え、それを打ち破ってより大きな自由を希求していきます。さまざまな願望を持つ多様な存在なのです。それを受け入れ合える社会が理想です。ただ、社会が構成されている限り、何らかの制約や枠組みは究極的には超えがたく存在していて、克服しようもないものかもしれません。それでも、ひとたび意識され

た多様性の流れは決して後戻りすることはなく、これからも進んでいくでしょう。それに伴って、言語的にも、LGBTQ コミュニティだけで使われていた言葉が一般化されたり、従来にないコンセプトを表現するために新語が作られたりして、これからも新しい言葉が次々と登場してくるのではないかと思います。

Key Words

gender dysphoria
性同一性障害（性別違和）

dysphoria　精神不安感、不快（気分）、身体違和感
dystopia　ディストピア、暗黒郷、地獄郷 ⇔ **eutopia**

ニュースによく出る言葉

transgender　トランスジェンダー
euphoria　強烈な幸福感、多幸症、上機嫌、陶酔
drug euphoria　薬物による高揚感
dyslexia　難読症
muscular dystrophy　筋ジストロフィー
dysfuction（= disfunction）　機能不全、機能障害
LGBTQ　性的少数者
I（intersex）　男・女のどちらとも断言できない身体構造を持つ人
A（asexual）　無性愛者。誰に対しても恋愛感情や性的欲求を抱かない人
misgender　性別や性的アイデンティティを間違って表現する
cisgender　身体的性と性自認が一致している人
trans person　トランスの人
drag　女装（する）
AIDS（acquired immunodeficiency syndrome）　エイズ、後天性免疫不全症候群
HIV（human immunodeficiency virus）　ヒト免疫不全ウイルス

01 放送通訳と声

　声に関心を持つようになったのは、BBC の仕事でロンドンに赴任してからでした。通訳する自分の声が放送で流れるので、否が応でも気になります。ロンドンでは、日本人のプロのアナウンサーから何度か訓練を受け、助詞の「が」が固すぎる、「んが」のような柔らかい鼻濁音にするようにと言われました。また、文章の終わりがすっと消えるとキレイに落ち着くなどとも教わりました。さらに、BBC のアナウンス室長が、日本語の原稿の読みを見てくれたこともありました。日本語をまったく知らないのに、鋭い指摘に驚嘆しました。やはりプロは違います。アドバイスを受けたからといって、すぐに直せるわけではありませんが、こうしたこともあって、美しい声・美しい話し方への興味が深まりました。

　アナウンサー、今はキャスターとかプレゼンターとか呼ばれるプロの話し手は、訓練を積んだ人たちです。通訳者は、通訳のプロであって、話し手のプロではありませんが、放送通訳の場合は全国に声が流れるので、声のよさや語りのうまさは大きな魅力となります。視聴者は、無駄のない、聞きやすいプロの発話に慣れているので、訓練されていない者の話

は聞きにくく感じます。プロと素人の違いは歴然としているのです。

　こうしたことから、放送通訳全体のレベル向上とあいまって、通訳者にもアナウンサー並みの明瞭な話し方が求められるようになりました。通訳者は、本来聞き取りと訳出に集中していて、話し方にまで神経を使う余裕などないのですが、それでも話し方や声に神経を配り、さらには「話者になり切る」レベルの演技力を発揮する人たちも出てきました。放送通訳者のなかには、アナウンサーに憧れた人も相当数いるというのも納得です。通訳の実践をパフォーマンスと呼びますが、私は、人目を引こうとする上滑りの演技のような感じがして、当初はこの言葉が好きではありませんでした。でも今は、通訳は通訳力を核とする全体的なパフォーマンスだと思っています。会議通訳者にとってももちろん声は重要ですが、不特定多数向けではないので、声の印象が取りざたされる度合いは少ないように思います。このあたりは、会議通訳と放送通訳の大きな違いかもしれません。

　BBCの仕事を通じて、こんなふうに声に関心を持つようになった私は、初めてのイタリア旅行で、イタリアが好きになったこともあって、ロンドン在住時にイタリア語のアリアなど歌のレッスンを受けるようになりました。発声練習は放送通訳にもプラスになると思い、一石二鳥を狙えるかもとも思いました。そのうちオペラ・ファンにもなっていきました。

ロンドンのコベントガーデンやウィーンにオペラを聞きに行き、魅せられたのです。

　日本帰国後も、歌のレッスンやオペラ鑑賞を細々と続け、音大生に混じって歌を歌ったり、ヨーロッパにオペラ鑑賞に出かけたりしました。イタリアのヴェローナ野外劇場（古代ローマ時代の円形闘技場が歌劇場となる）に行くため、イギリスにいる友人と"ミラノで待ち合わせ！"をしました。これを聞いたら親は卒倒したでしょうが、その辺はこっそりと。安い座席も組み合わせるので、聞こえほどセレブっぽくはありませんが、何ひとつ遮るもののない夜空を見上げながらの３夜連続オペラは、夢心地の旅でした。

　歌を習うことが、放送通訳にも少しは良い影響があるといいのですが、これはどうだかわかりません。ただ、今は仕事に追われて忙しく、コロナ禍も災いして中断していますが、そのうちまた歌のレッスンを再開し、オペラを聞きにヨーロッパに行きたいと思っています。

PART

2

スポーツ・
エンタメ番組で
出あった言葉

09 **money note**

紙幣？　家計簿？　違います、音楽です

　BBC の番組 *Take me to the opera*（『21世紀のオペラ案内』）第
1話（2021/7）では、イタリアのチェチーリア・バルトリ（メゾ・ソプ
ラノ）とペルー出身のファン・ディエゴ・フローレス（テノール）とい
うスーパースターにスポットライトが当てられました。2人は、コ
ロナ禍でもストリーミングなどの技術を活用したり、開放的な屋
外演奏を推進したりして、既成の枠にとらわれず、これからのオ
ペラ界のために尽力しています。

　バルトリは、私と同じ声域のメゾなので、好きで CD をよく聞い
ていました。18世紀のイタリアのカストラート（castrato：少年期
の声を保つために去勢した男性歌手）で有名なファリネッリを模
して挑戦したり、女人禁制のバチカンのシスティーナ礼拝堂で教
皇合唱団とともにソロを歌ったりと、先駆的な（trailblazing）試み
も行っています。blaze a trail は道を切り開く、先鞭をつけるとい
う意味です。また、2012年にザルツブルク聖霊降臨祭音楽祭でオ
ペラの芸術監督を務め、2023年のモンテカルロ・オペラでも初の
女性芸術監督を務めます。指揮者や芸術監督の世界はまだまだ男
性が支配的ですが、バルトリはこの方面でも先駆者（pioneer）で
す。

　そして、番組後半のフローレス編では、初めて耳にする **money
note** という言葉が出てきました。*La fille du régiment*（『連隊の
娘』ドニゼッティ作）には、高音のドが9回も出てくる非常に難し
いテノールのアリアがあり、**They used to be called the money
notes. You had to sing those high Cs and if you didn't the
whole performance was ruined.**（これは、以前はマネーノート

と呼ばれた見せ場です。高音のドを歌わないとなりません。これ
ができないと、演奏全体が台無しになりました）と関係者がコメン
トしていました。**money notes**？　一瞬、**bank note**（銀行紙幣）の
札束が思い浮かびますが、それでは変すぎます。

　money note についてはいろいろと調べましたが、英和辞典に
も英英辞典にも音楽辞典にもなく、関連すると思われる情報は英
語の Wikipedia にしかありません。それによると、クライマックス
の劇的な場面で特に高音や低音で歌われる見せ場、山場といった
意味のようです。それにしても、なぜ **money** が使われているので
しょうか。**money** に特別な意味があるのではないかと、今度は語
源辞典も調べましたが、手がかりはありません。ですが、**money
player**（ここ一番で頼りになる選手）、**money pitch**（ピッチャーの
決め球 = winning shot）という言葉が出てきました。何やら共通
点がありそうです。また、英語ネイティブに聞いたところ、最初は
聞いたことがないと言っていたのですが、そういえば、と言って思
い出してくれたのが **money shot** でした。ジャーナリズムの世界
では、特ダネ写真、激写はそう言われるのだそうです。

見事に歌え切れば money（売れる）

　これらを合わせると、**money** には「目玉」、「売り」という意味合
いが込められていそうです。前述のテノールのアリアですと、
money note は「聞かせどころ」で、ここを見事に歌えるかどうか
で、演奏全体の成否が決まり、見事に歌え切れば、その歌手は "売
れる" のでしょう。フローレスはロンドンのロイヤル・オペラ・ハウ
スで初めてこのアリアを歌うときに、緊張のあまり（**he was so
overcome with nerves**）、思わず、舞台の袖から神の声と言われ
たパヴァロッティに電話してしまい、励ましてもらったと言ってい
ました。

音楽家にとっては、それほど困難で劇的な **money note** なのですが、日本語のネット検索では、この言葉が和製英語で「家計簿」となって出ていたのには驚きました。同じ日本人として、この感覚、わかりますよね。くすりと笑えました。

　さて、音楽や絵画などアートの世界は、報道でも欠かせないテーマながらも、政治経済ニュースではあまりお目にかからないような表現や形容詞が使われることが多く、通訳者の語彙力が試されます。今回のドキュメンタリーでも、いくつかありました。

The music is very florid. その音楽はとても華やかです。
delectable voice 並外れた美しい声
impeccable technique 完璧なテクニック
He became smitten. 彼はほれ込みました。
Things outdoors generally are more convivial.
屋外のものは、一般にもっと宴会のような雰囲気になります。

　番組中、オペラは hidebound（融通のきかない、狭量な）、elitist（エリート主義の）and aloof（お高くとまった、高慢な）だと言われますが、実際はいろいろな要素の詰まったワクワクするアートだとも言っていました。案内役のキャスターが言うように、すばらしい声は、最初の一声を聞いただけで I might just get carried away.（ただ、魅せられてしまったかもしれません）となります。

money note
［アリアなど歌の］聞かせどころ、見せ場、山場

bank note　銀行紙幣、お札
money player　ここ一番で頼りになる選手
money pitch　ピッチャーの決め球 ＝ winning shot
money shot　特ダネ写真、激写

ニュースによく出る言葉

castrato（イタリア語）　カストラート
castrate　去勢する、去勢された人
trailblazing　先駆的な
blaze a trail　道を切り開く、先鞭をつける
pioneer　先駆者
florid　華やか、華麗な
delectable　喜ばしい、楽しい
impeccable　完璧な、非の打ち所のない、完全無欠の
smitten　うっとりとなって、魅惑された、打たれた、殴られた
convivial　陽気な、宴会好きな
hidebound　融通のきかない、狭量な
elitist　エリート主義の
aloof　お高くとまった、高慢な
get carried away　魅せられる、感動する、夢中になる

10 FOMO

何かの組織名かと思いました

新型コロナウイルスの世界的感染拡大で大打撃を受けた産業は多々ありますが、ハリウッドをはじめとする映画界もそのひとつです。BBC の *Talking Movies*（『トーキング・ムービーズ』）という映画専門番組でも、新型コロナの流行以降、コロナ禍の影響について触れない回はありませんでした。ワクチン接種のかなり進んだアメリカでも、感染力の強いデルタ株（Delta variant）によって再び感染者が増えていることから（2021年10月時点）、アメリカ人はビーチには行ってみようかなと思っても、映画館に行くのは二の足を踏むと言っていました。なるほど。

ハリウッドでは、伝統的に夏の超大作シーズン（blockbuster season）に年間の興行収入（box office revenues）の40％以上を稼ぎ出します。コロナ禍で制約はかかりますが、2021年9月の放送では今期の話題作が紹介されました。

ここで、私が訳に詰まったのは **FOMO factor**（FOMO 要素）という言葉でした。その直後に説明がついていて、**that fear of missing out for audiences who knew they could not get that movie at home**（自宅であの映画は見られないとわかっている観客が持つ、見逃し恐怖、取り残される恐怖、置いてきぼり感）とありました。それでも、**FOMO** が **Fear Of Missing Out** の頭文字を取った言葉であると、すぐには理解できませんでした。**FOMO** から連想したのは、FEMA（Federal Emergency Management Agency 連邦緊急事態管理庁）で、**FOMO** も連邦政府（Federal）の部局か何かかと思ったくらいでした。もちろん、これでは変すぎますね。

　この言葉が使われたのは、2021年5月の公開後に全米で大ヒットした *A Quiet Place Part II*（『クワイエット・プレイス 破られた沈黙』ジョン・クラシンスキー監督）というホラー映画についての解説のなかで、「ホラー映画はやっぱり劇場で、みんなで一緒にゾッとする恐怖を味わわないと」という話があり、その後に、**That movie perfectly played into the FOMO factor.**（あの映画はFOMOファクターにうまくあてはまりました）と言ったのでした。

　FOMO は、そもそもはツイッターやフェイスブックなどのSNSで情報を追い切れず、取り残されてしまう恐怖を指すスラングとのことです。これは最近注目されている現象で、アメリカでも、いつでもどこでもSNSをチェックしている若者は多く、**FOMO** に陥った若者の支援といった話題がネット上にあふれていました。私はSNSをあまりやらないこともあって、そうした言葉に疎く、この言葉を聞いたのは初めてでした。が、映画評に出てくるくらいですから、知らないでは済まされません。また、横並び意識が少ないはずのアメリカ人でも、こうした意識に悩まされるのかと少々驚きました。

▌劇場公開とストリーミング配信の問題

　映画界は、今、劇場公開とストリーミング配信で揺れています。新作を劇場とストリーミング配信で同時公開するケースが増えていて、観客は新型コロナの感染リスクが多少あっても劇場に出向くのか、コロナ禍の外出自粛でなじんだ自宅鑑賞を取るのか、選択することになります。このことが、*Black Widow*（『ブラック・ウィドウ』ケイト・ショートランド監督）の主演スカーレット・ヨハンソンによるディズニー提訴につながりました。ヨハンソンは、契約にはストリーミング同時配信の記述はなく、劇場興行収入に基づいて報酬を受け取ることになっているが、ディズニープラスの

同時公開によって自分の収入が減少したと主張しています。一方のディズニー側は、契約は順守していて、ストリーミング配信によって報酬も上がっていると説明。この訴訟は、同時配信という新しい公開モデルに対する大きな挑戦といえます。裁判は今後の映画公開のあり方に影響するので、映画界全体が固唾を飲んで成り行きを見守っていました。ところが、しばらくすると両者の間に示談が成立したとのニュースが流れました。一件落着に見えますが、最終的にどう決着がついたのかは公表されていません。この問題が根本的に解決されたとは言えないでしょう。

映画人のなかには劇場公開にこだわる人も多く、番組では、*Stillwater*（『スティルウォーター』トム・マッカーシー監督）に主演しているマット・デイモンが、家でリモコン片手に一時停止を押してポップコーンを作ったりするのと、映画館に行って一定時間、映画だけを見るのとでは、映画との関係性が異なる、自分は映画館に戻ることにこだわると言っていました。

そして、この方針を貫いて公開を何度も延期してきた映画があります。*No Time to Die*（『007／ノー・タイム・トゥ・ダイ』キャリー・ジョージ・フクナガ監督）です。イギリス情報機関 MI6 のスパイ、ジェームズ・ボンドのシリーズ 25 作目です。主演のダニエル・クレイグにとっては最後のボンド作品となります。2020 年 4 月の公開予定が、新型コロナにより、20 年 11 月、21 年 4 月、21 年 9 月へと延期されてきました。"死ぬ暇もない"不死身のボンドもコロナには弱いのか、なんて思いますが、制作側はあくまで劇場公開にこだわり、ファンもそれを望んだのでしょう。そして、狙い通りの大ヒットとなりました。

ボンド作品は、虚構ながら、MI6 の存在を広く世界に知らしめたところがあります。実際の諜報部員はいたって地味な活動をし

ていて、ボンドのようではないそうですが、それでもスパイという
と謎めいた魅力があります。イギリス在住時に、イギリスの代表
紙のひとつ *The Guardian* にMI6の求人広告が掲載されたこと
があり、話題になりました。スパイになりたい人が、新聞の求人欄
を見て応募するなんて想像しにくいですよね。冷戦時代とは状況
が変わったのかと思わせるエピソードでしたが、実際はやはり謎
に包まれています。

FOMO (Fear Of Missing Out)
見逃し恐怖、取り残される恐怖、置いてきぼり感

FOMO factor　FOMO要素

 ニュースによく出る言葉

Delta variant　デルタ株
blockbuster season　超大作シーズン
box office revenues　興行収入
FEMA (Federal Emergency Management Agency)
　連邦緊急事態管理庁

11 under-represented

代表していない?

　アメリカのアカデミー賞(オスカー)の授賞式は世界中から注目
される大イベントです。2021年は新型コロナの影響で、いつもは
2月に行われる式が2カ月延期され、4月に行われました。大幅に
人数制限するなど通常とは違った形になりましたが、それでも式
は対面で行われ、レッドカーペットも敷かれて、華やかさが演出さ
れました。

　放送の現場でも、当日の様子や受賞者の発表が速報されます。
また、アカデミー賞の前哨戦となるゴールデングローブ賞やイギ
リス・アカデミー賞もあるので、かなり前からさまざまな受賞作品
については下馬評が飛び交い、折に触れて報道されます。そのた
め通訳者も、ノミネートされた映画のタイトルや監督、俳優、それ
にストーリーなどもある程度把握しておく必要がありますが、固有
名詞が多いのが悩ましい。さらに、近年の潮流である多様性
(diversity)も意識しておく必要があります。

　これに関連して、映画の評価にinclusive(包摂的)や、**under-
represented**、**under-representative**などの言葉が使われるよ
うになりました。CNNでゴールデングローブ賞やアカデミー賞の
予測をするコメンテーターが**under-represented artists**という
言葉を使ったときは、う〜ん、と思いました。ちょっと時間をもら
えれば、「何かを十分に代表していない⇒少数派」と思考をめぐら
す可能性はなくはないですが、その場では、もちろんそんな余裕
はありません。「多様性」を訳す言葉に紛れて、最初は訳さずにや
り過ごしました。ですが、もう1回出てきたので、思い切って「無
名のアーティスト」と訳してみました。悪くないかと思っていまし

たが、微妙に正しくありません。**under-represented** は、少数派の、取り上げられることの少ない、過小評価されたという意味です。少数派は、一般には minority ですが、**under-represented** が新しい表現として使われるようになっています。他にはバリエーションとして、**under-represented ethnic community**（少数派の民族コミュニティ）、**underclass representation**（社会の底辺層の表現）といった言葉も使われていました。

　映画評論家がこうした言葉を使うようになったのは、理由があります。近年、アメリカのアカデミー賞は多様性が欠けると批判されてきました。アカデミー賞を主催する映画芸術科学アカデミー（Academy of Motion Picture Arts and Sciences）は、2016年に俳優部門で有色人種が1人もノミネートされなかったことから強く非難され、授賞式がボイコットされて、「#OscarsSoWhite（白すぎるオスカー）」という批判のハッシュタグが拡散されました。このため、アカデミーは、投票権を持つ会員の多様化を図り、2020年に新しく会員となった819人は、45%が女性、36%が非白人となりました。こうした流れをさらに加速させたのが、2020年のジョージ・フロイドさん殺害事件と、その後の Black Lives Matter（黒人の命は大切だ）運動でした。映画は時代を映す鏡です。映画の世界も、差別撤廃や多様性を軽視することは、もはやできなくなっているのです。

　そのため、アカデミーは2020年に声明を出し、作品賞にノミネートされるための条件として、**representation**（多様性の表現・表出）と inclusion（多様性の包摂）という基準を設置しました。女性、人種・民族的マイノリティー、性的マイノリティー、障がい者などを **under-represented groups**（少数派グループ）と規定し、2025年以降は少数派の人材起用や少数派を反映することを作品賞のノミネートの要件にしたのです。ここで、**under-**

represented という言葉を使ったのは、おそらく、単なる数の少なさに焦点を当てた minority からの意味の深化が反映されているのでしょう。

評論家が **under-represented** を使うようになった理由がわかりますね。また、同じような意味で **under-representative** も使っています。diversity、inclusion とともに今後の映画界のキーワードになっていくでしょう。

▌映画界の多様性への変化

さて、2021年のアカデミー賞に目を転じると、作品賞と監督賞に輝いたのは中国出身のクロエ・ジャオ監督の *Nomadland*（『ノマドランド』）でした。キャンピングカーやバンに住み、職を求めてアメリカの荒野を移動する高齢の労働者たちは、現代の経済システムが生み出したノマド（遊牧民）です。作品はその姿を描きました。女性監督としては歴代2人目、アジア系（＝非白人）女性監督としては初の受賞です。BBCの映画専門番組 *Talking Movies*（『トーキング・ムービーズ』）は、これを the first woman of color, and only the second woman in that category [Best Director] と表現しています。人種について語るなかの color は、有色人（種）という訳語になりますが、いかにも肌の色による人種分けといった言葉なので、これを避けた訳語で、非白人、白人以外と言ったりします。あるいは、もっと具体的にアジア系とも言います。逆に、白人のことを non-color（非有色人）とも言います。

多様性の観点からは他に、韓国系映画 *Minari*（『ミナリ』リー・アイザック・チョン監督）のユン・ヨジョンが助演女優賞を受賞したことも注目されました。ユン・ヨジョンは韓国初のアカデミー賞女優となり、男女合わせたアジア系俳優としては2人目の受賞となりました。

Minari はアメリカに移住した韓国一家の物語ですが、以前に *Talking Movies* で an organic immigrant story と評されていました。organic というと、オーガニック野菜（有機野菜）が思い浮かびますが、ここでは自律的な、自然に展開する、という意味です。経済用語で organic growth という言葉があり、企業買収や人員削減などの人工的な手段で成長するのではない成長という意味で、自律的成長、自然な成長、本業での成長と訳されます。ですから、an organic immigrant story が出てきたときは、これからの連想で、「自然な移民の物語」と訳しました。もちろん間違いではありませんが、ここは不自然な展開、無理な展開がないという意味なので、「無理な展開のない自然な移民の物語」とでも言えたら、もっとよかったかもしれません。

　韓国の作品が賞にからむのは、ポン・ジュノ監督の *Parasite*（『パラサイト　半地下の家族』/2019）の作品賞に次いで2年連続です。韓国のエンタメ界が確実に地歩を築いているのがわかります。

　一方、主演男優賞は *The Father*（『ファーザー』フロリアン・ゼレール監督）で認知症になった父親を演じたサー・アンソニー・ホプキンス、主演女優賞は *Nomadland* で車上生活者を演じたフランシス・マクドーマンドと "非有色人" が受賞しました。特に主演男優賞については、*Ma Rainey's Black Bottom*（『マ・レイニーのブラックボトム』ジョージ・C・ウルフ監督）に主演し、2020年にがんで亡くなった黒人のチャドウィック・ボーズマンの死後受賞（posthumous win）が有力視されていたので、期待したほどの「多様性」はなかったとの声も一部で聞かれました。しかし、映画界全体としては、「多様性」への変化のうねりが起きているのは間違いありません。

Key Words

under-represented
少数派の、取り上げられることの少ない、過小評価された
= under-representative

under-represented ethnic community 少数派の民族コミュニティ
under-represented artists 少数派 (取り上げられることの少ない、過小評価された) アーティスト
under-represented groups 少数派グループ
underclass representation 社会の底辺層の表現
representation 多様性の表現・表出
inclusion 多様性の包摂

 ニュースによく出る言葉

diversity 多様性
minority 少数派、マイノリティー
Academy of Motion Picture Arts and Sciences
　　映画芸術科学アカデミー
OscarsSoWhite 白すぎるオスカー
Black Lives Matter ブラック・ライブズ・マター (BLM)、黒人の命は大切だ
**the first woman of color, and only the second woman in that
category [Best Director]** アジア系 (非白人) 初、監督としては歴代2人
　　目の女性
color 有色人 (種)、非白人、白人以外
non-color 白人、非有色人 (種)
an organic immigrant story 自然に展開する移民の物語
organic 有機体の、有機的な、自然の
organic growth 自律的成長、自然な成長、本業での成長。企業買収や
　　人員削減などの人工的な手段で成長するのではない成長
posthumous win 死後受賞

12 **toolbox**

IOCバッハ会長の道具箱です

　IOC（国際オリンピック委員会）のトーマス・バッハ会長が、2020年11月に東京五輪の準備状況を確認するため、日本を訪問しました。新型コロナウイルスの感染拡大を受けて、20年3月に大会の1年延期を決定して以来、初めての訪問です。中止の議論はしないことを前提に、菅首相や小池東京都知事、大会組織委員会の森喜朗会長（当時）らと面会し、選手村や国立競技場を視察しました。記者会見が開かれ、私はある民放テレビで同時通訳しました。

　オリンピックがキレイ一色でないことは、皆わかっていますが、今回の東京五輪では、このときすでに、新国立競技場建設の予定変更やエンブレム盗用疑惑問題、招致をめぐる贈収賄疑惑などがあって、日本人の五輪神話が傷つくようなことが起きていました。そこへ新型コロナの感染拡大が追い打ちをかけ、開催を危ぶむ声が大きくなっていきました。それでも、私がこの仕事を引き受けた時点では、バッハ会長に対するイメージはそれほど悪いものではなく、私自身も、政治家ではない要人の同通を久々に民放でできることに、ちょっとした高揚感がありました。

　さて、準備はどうするか。日本語のニュース記事とともに、IOCの英語サイトから理事会（Executive Board）の記録をたどりました。訪問前の理事会では、東京五輪と北京五輪（2022年冬季）の準備状況や、コロナ後に適した五輪（Games fit for a post-corona world）のあり方なども話し合っていました。

　会見本番では、バッハ会長の英語は、ややドイツなまりがあるものの、話し方は比較的ゆっくりでわかりやすく、国際舞台に場慣れしている人らしいもので、通訳も順調に進んでいきました。で

すが、私が担当しているところで、**toolbox**（道具箱）という言葉が出てきたときは、一瞬戸惑いました。が、「あっ、確か、理事会の記録に出ていた！」。バッハ会長は、この単語がお気に入りのようで、**the toolbox of COVID countermeasures**（新型コロナ感染対策の入った道具箱）という意味で使っていたのです。私は、最初はカタカナ語で「ツールボックス」と言い、その後は「道具箱」、「コロナ対策セット」と言い換えていきました。**toolbox**は難しい単語ではありませんが、事前の調査がなければ、理解に手間取り、うまく訳せたかどうかわかりません。もう一人の通訳パートナーも隣で辞書を引いて確認しているのがわかりました。予習が的中することは多くはないので、内心「やった！」という感じです。

このときは、ワクチン開発が急ピッチで進んでいるものの、まだどの国も承認前の段階。バッハ会長によると、今後はワクチン開発・接種をはじめ、さまざまな対策がこの箱のなかに加えられていき、それを適宜取り出して、オリンピックを開催するというのです。

その後、道具箱を充実させ、魔法の道具を取り出して使っていったかどうかは別にして、バッハ会長は五輪の中止・再延期案を断固、否定し続けました。また、日本政府も、大会開催に懐疑的な国民をしり目に、「安心・安全な大会（safe and secure Olympics）」を呪文のように唱え、開催に邁進していきました。

▌絶妙な訳、「ぼったくり男爵」

BBCやCNNなどの世界の報道機関も、大会直前まで開催を疑問視する報道を続け、この間にバッハ会長に対する評価は急落していきました。そのなかで注目を集めたのが、アメリカの *The Washington Post*（『ワシントン・ポスト』）の記事（2021/5/5）です。ここでバッハ氏は "ぼったくり男爵（Baron Von Ripper-off）" と揶揄され、日本ではこの言葉が瞬く間に広がって、早くも2021年の

流行語大賞候補にあげられました。Baron は男爵、Von はドイツで貴族の家名につける言葉、rip off は「引き裂く、はぎ取る」です。どなたが訳したのかわかりませんが、「ぼったくり男爵」とは絶妙な訳です。記事は、主催国を金銭的に追い込む IOC の強権的な体質を批判し、契約に縛られて身動きできないと思っている日本は実はもっと leverage（梃子、影響力）があり、IOC から譲歩を引き出せると書いていました。世界的な感染症危機のなかで、大会をキャンセルしたからといって、誰が違約金を請求できるというのか、一体どこの裁判所が裁くのかなどという議論は説得力がありました。また、keep tossing good money after bad（損の上塗り、泥棒に追い銭）という表現を使い、日本がそうするのは irrational（理屈に合わない、非合理的）とも言っていました。

　五輪開催による膨大な支出は日本国民が背負うものです。バッハ会長ら IOC 幹部はファーストクラスで世界を移動し、訪問国では5つ星ホテルに滞在する貴族的生活をしているそうで、これらのコストも基本的には日本持ちです。それでも、日本は、コロナのワクチン接種も進まないなか、しゃにむに大会に突入し、終わらせました。選手に責任はなく、そのすばらしい活躍にはもちろん感動しました。特に大会の序盤で、卓球の混合ダブルス（table tennis mixed doubles）で、水谷隼（シングルス出場は逃していた）と伊藤美誠のペアが難攻不落の中国勢に勝って金メダルを取ったときは、日本中が興奮し、私もテレビの前で熱くなりました。コロナ禍による重苦しい雰囲気を一変させるほどの力がありました。ただ、一方で、大会期間中に、新型コロナの感染者は、専門家の予測通り急増し、自宅療養を余儀なくされて亡くなる方も出るなど厳しい状況が続きました。生命を脅かすコロナと祝祭五輪。日本でまったく異なる世界がパラレルに存在したかのようです。

　日本はまだ東京五輪・パラリンピックの総括を終えていません

が、皮肉なことながら、IOCの金満体質、収益構造などが広く世に知られたことは、コロナ禍での東京五輪の成果と言えるかもしれません。すでに、あまりにも金がかかり過ぎるため、今後は開催地をアテネに固定すべきだといった議論も出ています。2022年冬季の北京五輪も迫るなか、こちらはコロナ禍だけでなく、中国の人権問題——新疆ウイグル自治区でのウイグル族弾圧など——が問題となっていて、ボイコットの話も出ています。

　というわけで、地に堕ちたとまでは言いませんが、東京五輪で傷ついた五輪やバッハ会長のイメージが、この後、回復するには、五輪そのものの在り方を見直し、早急に改革しなくてはならないのは明らかです。私は、通訳のご縁があったバッハ会長をテレビで見るたびに、応援したかった気持ちと否定する気持ちが交錯します。

Key Words

toolbox
道具箱

the toolbox of COVID countermeasures　新型コロナ感染対策の入った
　道具箱

ニュースによく出る言葉

IOC (International Olympic Committee)　国際オリンピック委員会
Executive Board　理事会
Games fit for a post-corona world　コロナ後に適した五輪
safe and secure Olympics　安心・安全な大会
Baron Von Ripper-off　ぼったくり男爵
Baron　男爵　　Von　ドイツで貴族の家名につける言葉
rip off　引き裂く、はぎ取る
keep tossing good money after bad　損の上塗り、泥棒に追い銭
irrational　理屈に合わない、非合理的
table tennis mixed doubles　卓球の混合ダブルス

13 The stakes are high.

"リスク高い"系です ①
スポーツ編

　stake(s) を辞書で引くと、くい、棒に始まり、賭け金、賞金、利害関係、関心といった語義が出てきます。**stake** を使った言葉では、**stakeholder**（利害関係者）もよく聞かれます。日本語でもそのままステークホルダーと言うことも多く、企業の利害に関わる全関係者（供給者、一般社会、従業員、顧客、投資家、提携先、銀行など）を指す言葉として定着しています。

　ところが、通訳で **The stakes are high.** が出てくると、毎回"いやだな"と思って、腰が引けてしまいます。文字通りは、賭け金が高い。つまり、勝ち負けのリスクが高く、勝てば大きな意味があるが負けたら大変だというニュアンスがあり、リスクが高い、リスクが高くて結果が重大だ、（賭け・予測などが）一か八かだといった訳語が一般的です。ですが、実際には、これらの訳語を機械的にぱっと当てはめれば済むわけではなく、文脈によって訳し分けをしないとしっくりしません。それが瞬時の躊躇を生みます。

　最近の例では、2021年2月のテニスの全豪オープン女子シングルス準決勝戦で、大坂なおみ（23歳）がセリーナ・ウィリアムズ（39歳）に勝った試合について、BBC の専門家が解説したときのことでした。解説者は、大坂は子どもの頃から女王セリーナ（グランドスラム・シングルス優勝23回）に憧れていて、自分がサービスから始めることに対して、**Naomi Osaka, because of the stakes being so high, she has been nervous with the set up.** と言ったのです。

　実は、大坂は2018年全米オープンの決勝戦でセリーナ・ウィリアムズを破り、グランドスラム初優勝を飾っています。ですが、そ

のときはセリーナの審判への暴言や観客のブーイングがあり、大坂は喜びを爆発させ切れず、I am sorry.（[勝って]ごめんなさい）と言って観客を驚かせました。また、翌年のロジャーズカップでは、大坂はセリーナに敗れています。

　ですから、今回の全豪オープンで、成長した大坂がセリーナに再び勝つことの意味は極めて大きいのです。決勝戦進出に必須というだけでなく、新世代の旗手としての確かな実力を示すことになるからです。これが **the stakes being so high** に込められた意味でした。

　私は、このとき「極めて重要な試合なので」と訳しました。間違ってはいませんが、何の変哲もない訳です。かといって、「リスクが高い」や「一か八か」も合いません。結局、後で考えると、セリーナとの対戦は初めてではなくても、「一世一代の試合なので」、「ここ一番の試合なので」といったもっと重い意味を込めた訳がふさわしかったように思います。つまり、こんな感じです。「大坂なおみにとって、一世一代（ここ一番）の試合なので、自分がサーブで始めることに神経質になっていました」。

　そして、この大一番に勝った大坂は、決勝戦でもアメリカのジェニファー・ブレイディ（25歳）に快勝し、2度目の全豪オープン制覇。4回目のグランドスラム（四大大会）優勝を果たしたのです。

　なお、フレーズに関して付け加えますと、BBCの解説者は、テニス界の世代交代についても触れました。新世代のことを new guard と呼んでいました。対比される旧世代は old guard です。なるほど女子テニス界は新旧の世代交代が起きたと言えそうです。

　ですが、男子テニス界の世代交代は微妙です。長きにわたり、ロジャー・フェデラー（39歳）、ラファエル・ナダル（34歳）、ノバク・ジョコビッチ（33歳）の3強（big three）が支配してきました。あまりにも強くて、誰かが怪我をしても他の二人が勝ち、復帰する

とまた勝つという具合で、ほとんど難攻不落です。たまに、間隙^{かんげき}を縫って新顔が勝っても長続きしません。

しかし、今回はフェデラーが怪我で欠場、ナダルが準々決勝でステファノス・チチパス（22歳）に大逆転されるなど（このときのチチパスの「オレ、勝っちゃった」という表情が印象的）、若手の台頭が感じられました。それでも、結局、優勝したのは世界ランキング1位のジョコビッチで、9回目の優勝です。これでグランドスラムの優勝回数は通算18回、フェデラーとナダルの各20回に次ぐ成績です。決勝戦の相手は若手筆頭のロシアのダニール・メドベージェフ（25歳）でしたが、old guard は不動でした。ですが、世代交代が少しずつ進んでいることは間違いありません。

また、世代交代を changing of the guard と言うのを、今回初めて知りました。バッキンガム宮殿の近衛兵の交代から来ている言葉だそうですが、政権交代にも使います。

＊選手の年齢と優勝回数はすべて2021年2月の大会開催当時

Key Words

The stakes are high.

リスクが高い、リスクが高くて結果が重大だ、賭け金が高い、（賭け・予測などが）一か八かだ

（全豪オープン女子準決勝で）一世一代の試合だ、ここ一番の勝負である

stake(s)　くい、棒、賭け金、賞金、利害関係、関心
stakeholder　利害関係者、ステークホルダー

ニュースによく出る言葉

new guard　新世代
old guard　旧世代、守旧派、保守　　big three　3強
changing of the guard　世代交代、政権交代、バッキンガム宮殿の近衛兵の交代

14 **That's not a part of the equation.**

方程式の項ではない……?

　2018年のサッカー・ワールドカップ・ロシア大会 (優勝はフランス) の話などちょっと前の話のような気がしますが、今回のフレーズに必須なので振り返ってみます。このときは、日本代表が史上最高齢チームだったことから「おっさんジャパン」と言われ、開幕前は国民の期待も低く、盛り上がりに欠けました。ところが、開幕してみたら、一次リーグ初戦で難敵コロンビアに2-1で勝利、続くセネガル戦も2-2の引き分け、3戦目のポーランド戦で0-1と敗れたものの、決勝トーナメント進出を決めました。決勝トーナメントではベルギーに2-3で敗れましたが、ベスト16入りを果たしたのです。予想だにしなかった日本代表の大活躍に日本中が沸きました。また、世界も注目しました。

　一方、強豪国のアルゼンチンはベスト16にとどまり、ブラジルも準々決勝でベルギーに敗北し、優勝候補の一角を占めた両雄がまさかの敗退となりました。BBCのスポーツ・プレゼンターは、これを **Brazil and Argentina are defeated. That's not a part of the equation. Japan's winning was not a part of the equation.** (ブラジルとアルゼンチンが敗北しました。これは従来の方程式 [図式] にはあてはまりません。一方、日本の勝利も従来の方程式 [図式] には入っていませんでした) と表現しました。言いたいことはわかるものの、訳となると難しく、私は「想定外のことでした」と訳しました。これでも悪くはないと思いますが、日本の勝利が想定外とは、訳ながら失礼な話です。このフレーズは、このとき初めて遭遇したわけではなく、その後もちょくちょく出てくるにもかかわらず、どうも未消化でいい訳が浮かばず、苦手感が

つきまといます。

equation の意味は、等しくすること、平均化、均衡、方程式などです。また the equation で、a situation or a problem in which several factors must be taken into account（複数の要素を考慮しなければならないような状況、問題）という語義が *The New Oxford Dictionary of English*（1998）に出ていて、これを基にしたと思われる日本語の語義──（いろいろな要素が絡み合った）難しい問題、（ある状況で考慮する必要がある）諸要素──もネットに出ています。しかし、この語義を前述の例にあてはめてみても、ブラジル・アルゼンチンの敗北と日本の勝利は、難しい問題の一部ではない、考慮すべき事柄の一部ではないとなって、意味不明です。むしろ、均衡（予定調和）を打ち破る要素だという意味になるでしょう。

┃ あえて the equation を使うのがトレンド ?!

では、まったく違う場面での例を見てみましょう。イスラエルの総選挙が2021年3月に行われました。2年で4度目です。汚職疑惑で公判中のネタニヤフ首相の続投が焦点になりました。イスラエルではネタニヤフ支持派と反対勢力が拮抗していて、選挙を繰り返す状態が続いています。前回の2020年3月の選挙では、He won among the 'Zionist' voters because "Arabs are not part of the equation".（*Haaretz* 2020/3/4）（彼［ネタニヤフ氏］は、アラブ人は考慮すべき事柄の一部ではないとして、「シオニスト」の間での勝利を宣言した）。Zionist（シオニスト）は、Zionism（シオニズム。古代パレスチナにあったイスラエル国家への帰還をめざすユダヤ人の運動）を信奉する人という意味です。1948年のイスラエルの国家建設によって、多くのパレスチナ（アラブ）人が難民となり、以来、占領下におかれて抵抗するパレスチナによる"テロ"

と、それに反撃するイスラエルという紛争状態が続き、今も解決のめどが立っていません。ネタニヤフ氏はこのとき、**not part of the equation** を使って、アラブ人のことなど眼中にないと言い切ったのです。

　ところが、それから1年後の2021年3月の選挙では、支持拡大に行き詰まったネタニヤフ氏が国内のアラブ人（20%）の支持を得ようと、大きな政党（自身の率いる与党リクード）を支持することでアラブ人も自分たちの声を政治に届けられると訴えました。変わり身の早さに驚きます。しかし、それでも、ネタニヤフ氏は自身を支持する勢力で過半数を確保できませんでした。この後、中間派の取り込みが不調に終わったネタニヤフ氏は権力の座から追い落とされることとなり、6月に右派国家主義者のナフタリ・ベネット氏が新首相に就任。8つの党からなる連立政権が樹立しました。

　では次に **part of 〜** や **not part of 〜** を伴わない例を見てみましょう。**the equation** が、複雑な要素の絡む状況、必要不可欠な要素によって保たれる均衡だけを意味する例です。例えば、**The political equation that sustained his [Trump's] presidency remains.**（*Meanwhile in America* 2021/2/15 [　]は補足）（[トランプ氏の] 大統領職を支えた政治状況（均衡）は変わっていない）。

　また、2020年、ロシアの反体制派指導者アレクセイ・ナワリヌイ氏が神経剤で毒殺を謀られたと見られる事件が起き、専門家が首謀者についてコメントしました。**"A political figure who feared Navalny's electoral tactics or who assumed that the Kremlin would like to see him taken out of the equation" or another power player unconcerned with Putin's reaction.**（*ABC News* 2020/8/23）（「ナワリヌイ氏の選挙戦術に脅威を感じた政界の大物か、クレムリンが政治的均衡からナワリヌイ氏を排

除したいのだろうと忖度^{そんたく}した政界の大物」、あるいはプーチン大統領の思惑には関心がない別の権力筋）だと言うのです。さらに、この専門家はクレムリンそのものが首謀者である可能性も否定しませんでした。

こうして見てくると、状況や問題、計算や公式を指すなら他の英語もあるなかで、**the equation** を使うことは、ジャーナリスティックなトレンドのようにも思われます。それにしても、**equation** を、イクエイションではなく（この発音もなくはないが）、一般にはイクエイジョンと発音するだけでも異例なうえに、その意味するところはかなり深く、こういうことまでわからないと放送通訳はできないのかと、調べながらうなってしまいました。

Key Words

That's not a part of the equation.
それは、従来の方程式（図式）にはありません。想定外です。
考慮すべき事柄の一部ではありません。
均衡（予定調和）を打ち破る要素です。

equation　等しくすること、平均化、均衡、方程式
the equation　複数の要素を考慮しなければならないような状況、問題、（いろいろな要素が絡み合った）難しい問題、複雑な要素の絡む状況、（ある状況で考慮する必要がある）諸要素、必要不可欠な要素によって保たれる均衡

　ニュースによく出る言葉

Zionism　シオニズム。古代パレスチナにあったイスラエル国家への帰還をめざすユダヤ人の運動
Zionist　シオニスト。シオニズムの信奉者

02 BBCダディ

　韓国・釜山大学のロバート・ケリー教授が朝鮮問題について BBC ワールドニュースからインタビューを受けたときのことです (2017/3/10)。私はこのとき通訳に入っていました。ケリー氏は、自宅の書斎からスカイプでつないで、質問に答えました。今なら Zoom などで見慣れた自宅からのインタビュー光景ですが、そのころは珍しいものでした。いわば時代を先取りしていたのです。

　このときは、米朝首脳会談 (2018年と2019年) 前のことで、トランプ前大統領と金正恩 (キム・ジョンウン) 総書記との関係も険悪で、米朝の対立は先鋭化していました。インタビューは、必然的に厳しい状況のなかで難しい北朝鮮問題を語るという雰囲気でした。

　ところが、その最中に、後ろの扉から子どもたちが次々と部屋に入ってきてしまったのです。最初は女の子で、手を左右に振りながら、パパの近くにやってきました。片手に歯ブラシを握っているようです。ケリー氏は、まずい状況にぎくりとしながらも平静を装いつつ、女の子を前に行かせまいと手を横に出して制しながら、顔はしっかりと正面に向けたま

ま話し続けました。すると、ほどなく、今度は別の子が入っ
てきたのです。こちらはまだ一人歩きができず、歩行器に
入ったままの赤ちゃんで、姉ちゃんに負けじと歩行器を滑ら
せてきました。ケリー氏は背後で気配を感じて、明らかに動
揺しています。北朝鮮（North Korea）と韓国（South Korea）
の北（North）と南（South）を取り違えたりしています。対す
るBBCのプレゼンターも質問がどもり気味に。私もあっけに
とられて画面に釘付けで、訳どころではありません。そこへ、
今度は事態の急変を察知した母親のケリー夫人が、部屋に
スライディングで飛び込んできました。身を低くして、なん
とか画面に映らないようにしていますが、丸見えです。大慌
てで、二人の子どもを無理やり引っ張って、部屋の外に連れ
出していきました。

　あの場面の関係者は、みなインタビューどころではなかっ
たと思います。私も何を訳したのか覚えていません。パパの
ケリー氏は途中で、"Sorry. That's my fault."（すみません。私
の責任です）と言って、ちょっと下を向きました。

　それでも、無邪気な子どもたちと、慌てふためく親の姿
はほほえましく、最高に幸せなシーンとなりました。これに
は世界中がにっこりしたようで、その後、BBC Daddy（BBC
ダディ、BBC パパ）として、YouTube（ユーチューブ）で一気
に拡散されました。アメリカの人気コメディ・トークショー
The Ellen DeGeneres Show（『エレンの部屋』）でも取り上げ

られました。いわく、*"Ellen Dissects the Kid-interrupted BBC interview"*（エレン、子どもに邪魔されたBBCインタビューを読み解く）。母親はどうやらトイレに入っていたみたいで、ジーンズのボタンが外れたまま飛び出してきたようだといった解説もありました。確かにそうかも。何度見ても笑わせます。冷や汗をかいたであろうケリー氏は、しかしながら、これによって世界的著名人となりました。子どものお陰です。

　ケリー氏は、これ以降もBBCのインタビューに出演しています。早口なので通訳泣かせなのですが、ケリー氏が登場するたびに、私は子どもの姿が目の前にちらつき、「また出てきてくれないかな」と思ってしまいます。生の同時通訳をしていると、こんな楽しいこともあるのです。

政治ニュースで
出あった言葉

15 lines in the sand

砂浜でお絵描き?

　イギリスによる EU(ヨーロッパ[欧州]連合)離脱を表す Brexit という言葉は、Britain(英国)と exit(離脱)を掛け合わせた造語です。日本語でも、そのままブレグジットと言ったりしますが、この言葉には前例があります。2015年頃から、財政危機が深刻になったギリシャが EU を離脱するのではないかと取り沙汰されるようになり、Grekexit(ギリシャの EU 離脱)という言葉が生まれました。現実には、ギリシャは EU などから何度も金融支援を得て債務危機を脱し、Grekexit は回避されました。しかし、Brexit のほうは成立し、先の見えない長い交渉と、その影響力の大きさから、こちらのほうが世界でよく知られるようになりました。

　英語は、日本語のように漢字の組み合わせを変えることで、比較的簡単に新しい単語を作れる言語とは違いますが、この造語はセンスがよく、使い勝手もいいようで、イギリス王室のハリー王子が、2020年に王室からの自立宣言をしたときも、結婚したメーガン妃の影響が大きいと見たマスコミが、Megxit(Meghan + exit)と呼びました。

　さて、Brexit が決まったのは、2016年の国民投票により、EU 離脱派が多数を占めたからですが、残留派とは僅差だった(52%対48%)ため、両派のせめぎ合いが続きました。EU との交渉も進みません。これが収まるのは、2019年の総選挙で、離脱派のジョンソン首相率いる保守党が圧勝したことによります。ここで EU 離脱が確認され、離脱後の通商交渉が本格化します。ところが、2020年は、予想だにしなかった新型コロナウイルスが発生します。ただでさえ難しい交渉は難航を極め、2020年も暮れになると、決

裂がささやかれるようになりました。移行期が終わる2020年12月31日までに、新しい自由貿易協定を締結できなければ、合意なき離脱（no-deal Brexit）になってしまいます。

　これについて、BBCのロブ・ワトソンという政治記者が、**We have lines in the sand. But we have deadlines down or up to the wire.** と解説しました。ここに並んだ単語はどれも簡単なものばかりですが、通訳をしていた私が間違いなく理解できたのは、deadlines（期限）があるということだけ。

　lines in the sand と聞いて、真っ先に思い浮かんだのは、砂浜で線を引いてお絵描きをする場面でした。ですが、Brexitの文脈には到底合いません。次のdown or up to the wireは、down to the wireが、「ぎりぎりまで、最後の最後まで」という意味なので、このことかなとは思ったのですが、今回はupがくっついています。別の意味があるかもしれない。結局、無難なところで「交渉の期限が迫っています」と訳すにとどめました。情けない状況です。

　後で調べてみると、**lines (a line) in the sand** は、超えてはいけない一線、元には戻れない境界線、譲れない一線という意味で、**draw lines (a line) in the sand** と言うと、譲れない一線を示すとなります。この表現は、砂に線を引いて、これを超えないように示したところからきているとのことですが、実際に砂に線を引くわけではなく、砂は言葉としてだけ残りました。辞書によっては、「これ以上進んではならないと警告する」という強い定義を出しているものもあります。個人的には、砂に引いた線では、波にすぐ流されてしまいそうで、「譲れない一線」のような強い意思を示すイメージはしないのですが。

　それはともかく、ここで記者が強調したかったことは、イギリスはEUに対して、譲れない一線があるということ。具体的には、EUとの間で争点となっている「イギリス海域でのEU漁船の漁業

権」、「公正な競争環境（level playing field）の確保」、「紛争解決などのガバナンス」の3点について、イギリスは譲歩できないと言っているのです。

　次の down or up to the wire については、「ぎりぎりまで」という意味では down to the wire のほうが一般的ながらも、こちらの語句も同じ意味で使われるようです。ネットの英英辞典で right up to the last moment（最後の瞬間まで）という記述を見つけ、up to のニュアンスがつかめる気がしました。

　というわけで、記者の解説の訳は、「我々には譲れない一線がありますが、交渉の期限はもうぎりぎりまで迫っています」となります。余計なことながら、この人の英語・解説はいつも難しいです。

　なお、世界をやきもきさせた Brexit の通商交渉は、それこそぎりぎりで合意が成立（2020/12/24）し、イギリスは2021年1月1日から正式に EU のメンバーではなくなりました。

Key Words

lines in the sand
超えてはいけない一線、元には戻れない境界線、譲れない一線
draw lines (a line) in the sand　譲れない一線を示す

ニュースによく出る言葉

EU(European Union)　ヨーロッパ（欧州）連合
Brexit　イギリスの EU 離脱、ブレグジット
Grekexit　ギリシャの EU 離脱、グレグジット
Megxit　ハリー王子夫妻の王室離脱、メグジット
no-deal Brexit　イギリスの合意なき EU 離脱
level playing field　公正な競争環境
down to the wire, down or up to the wire　ぎりぎりまで、最後の最後まで

16 arguably

これって、使ったことありますか

　この言葉を意識したのがいつ頃だったか定かではありませんが、拙著の『同時通訳はやめられない』（平凡社/2016）のなかで、英語のワンポイント・レッスンとしてこの言葉を取り上げました。すると、読者の方から「十分論証できる、説得力がある、間違いなく」という意味で使われることを初めて知った、英和辞典ではわからない生きた英語の使い方をもっと知りたいとの感想が寄せられました。ありがたいことです。と同時に **arguably** はやはりわかりにくい言葉なのだと思ったのを覚えています。ですが、今や **arguably** は BBC や CNN で頻繁に使われ、例文にも事欠きません。ただそれでも、後発的に英語を学んだ日本人が、かなりの英語使いであったとしても、この言葉を自在に使って英語を話すような場面は遭遇したことがない気がします。私自身も説明までしておきながら、使えるかというと、かなり意識しないと難しい。なので、まだまだ日本人になじんだ言葉とは言えないと思い、改めて取り上げることにしました。

　イギリスの EU 離脱（Brexit）の通商交渉も大詰めを迎えた 2020 年末頃、BBC は、通商交渉が難航しているのも危機だが、金融サービスについて議論する余裕がない現状を問題視し、金融サービスの問題は EU にとっても重要だが、**It is arguably even more important for the UK.** と伝えました。

　argue を「論議する、論争する、言い争う」と覚えていると、arguably は、「論争しうる、議論の余地がある、異論はあるが」となって、この文章は、いろいろと異論もあるだろうが、金融サービスはイギリスにとってのほうがはるかに重要だ、と解釈してしまい

ます。

　arguable という形容詞は、議論の余地のあるという意味で使われることもありますが、副詞の arguably は大半がまったく逆の意味で使われます。argue には、論拠を持って自説の正しさを論じる、つまりは説得するという意味もあるからです。そのため、arguably は、最初に示したように「十分論証できる、説得力がある、間違いなく」となります。したがって、前述の文は、「それは、間違いなく、イギリスにとってのほうがはるかに重要です」という意味になります。

　他の例を見てみましょう。**This is arguably the most important briefcase. This is nuclear football.**（*CNN*）（これは間違いなく、最も重要なブリーフケースです。これは "核のフットボール" です）。2021年1月20日に、アメリカでバイデン氏の大統領就任式が行われましたが、トランプ前大統領が欠席したため、新旧大統領が対面することなく、核のボタンは異例の遠隔状態で引き継がれました。「核のボタン」というと、かばんを開いてボタンを押せばすぐに核兵器が発射されると思いがちですが、このかばんには発射命令を出すのに必要な機器一式が入っていて、「押せばすぐ」というわけではないとのことです。ほっとします。また、「核のフットボール」という名称は、核戦争のコードネームが「ドロップキック」だったことから付いたそうです。恐ろしい「核のボタン」をフットボールにたとえるとは、日本人の感覚にはなじみにくいですが。

　また、世界最高レベルの環境・生態系ドキュメンタリー作品を手がけてきたイギリスのサー・デイビッド・アッテンボローの *Attenborough's Journey*（『アッテンボローと世界を見る』/2020）を見ていたら、アッテンボロー氏が、ガラパゴス諸島に生存するピンタ島系亜種のゾウガメの最後の一匹とともに映像に映り、**It is**

arguably the rarest animal in the world.（間違いなく、世界で最も希少な動物です）と言っていました。1970年代に発見されたこのゾウガメは、Lonesome George（独りぼっちのジョージ）と名づけられ、2012年の氏の訪問から14日後に死亡しました。この種は絶滅したと見られます。

ひとつの単語の変幻自在ぶり

このように、**arguably**はさまざまな場面でよく使われます。

にもかかわらず、なぜ理解しにくいのか、もう少し突っ込んで見てみましょう。「論じる」系のcontrovertとdisputeを例にします。これらの語尾に-able、-ible（できる）をつけ、語頭に否定辞のin-を加えると、incontrovertible、indisputableとなって、議論の余地ない、明白なという意味になります。さらにその副詞は、incontrovertibly、indisputablyで、議論の余地なく、明白に、間違いなくとなります。これはわかりやすい。

例文をあげます。**Congress was certifying the results of the president's incontrovertible loss in November.**（*The Economist* "Trump's legacy" 2021/1/9）（議会は、11月に大統領が議論の余地なく負けたという結果を認定していた）（『エコノミスト』トランプの遺したもの）。**Indisputably, ... there are 7 million men of prime working age not just jobless but not even looking for work.**（*The Fate of the West* by Bill Emmott）（明らかなことに、働き盛りの年齢の700万人以上が、単に失業しているだけでなく、職探しもしていないのである）（『「西洋」の終わり』ビル・エモット著/2017）。アメリカの2008年頃の状況を描いています。

この2つの語の成り立ちを基に**argue**について考えると、**inarguable**、**inarguably**という形こそ、議論の余地ない〔く〕、間

違いない［く］となるはずです。実際にこちらの語も存在してはいるのですが、放送通訳をしていて、**inarguably** に出あったことは記憶にある限りありません。

　というわけで、たったひとつの単語から、言葉の変幻自在ぶりを垣間見る気がします。ただ、「間違いなく」と言いたいときは、今は **arguably** が **arguably trendy!**（間違いなく、旬）です。

Key Words

arguably
十分論証できる、説得力がある、間違いなく

ニュースによく出る言葉

Lonesome George　独りぼっちのジョージ
prime working age　働き盛りの年齢
controvert　論争する、議論する
　⇒　controvertible, incontrovertible, incontrovertibly
dispute　議論する、討論する、反論する
　⇒　disputable, indisputable, indisputably

17 teething problems

EU離脱前後の"くせのある"表現 ①
いじめ（teasing）問題か？

　イギリスは、多くの障害を乗り越えて、2021年1月1日に名実ともにEUから離脱しました。しかし、ブレグジットは一過性の出来事ではありません。すぐに新しい現実が待っていて、人々は直後から困難に直面しました。

　2021年1月の半ば頃、港の混乱についてBBCがリポートしました。ブレグジット後に必要となった膨大な書類作成（new post-Brexit paperwork）のため、港ではトラックが動けず、スコットランドの魚介類の輸出が遅れて、魚が腐っていきます。EUのスーパーでも棚が空になるところが出てきました。このままではビジネスが立ち行かず、go bust（潰れる）と業者が訴えていました。これに対する政府の反応は、**The UK government put it down to teething problems.** だというのです。通訳に入っていた私は、**teething** が teasing（からかう、いじめる）のように聞こえ、漁業関係者にとっては、混乱状態での膨大な書類作成はいじめも同然だというふうに解釈。thとsの音がごっちゃになったのは、典型的な日本人耳のゆえです。それでも「いじめ」は、この文脈では直接的すぎると思って、取りあえず「政府は厄介な問題だと述べました」としておきました。

　ですが、リポートの後半でpermanent problem（恒久的・永続的な問題）という言葉が出てきたので、最初の **teething problems** の解釈に不安を覚えました。後で調べると、BBCの記事に **teething problem** という言葉があるのです。**teething** は乳歯が生えることで、もちろん **teeth**（tooth 歯の複数形）や **teethe**（歯が

生える）の関連語です。**teething problems [troubles, pains]** は、（事業などの）初期の困難・問題、発足［創業時］の苦労という意味になります。ですから、ここでは「EU 離脱の直後の、初期ならではの困難・問題」ということだったのです。

さらに、put down to 〜も、〜のせいにするという意味があることがわかりました。ですから、前述の文は、「イギリス政府は、それは初期に起きがちな問題のせいだと述べました」という意味になります。政府としては、永続的な問題ではなく、初期にありがちな混乱にすぎず、徐々に解決されると言いたかったのでしょう。

しかしながら、その後も「初期の苦難」は続きます。

2021年1月のイギリスから EU への輸出は前年同月比で40.7％減少し、輸入も28.8％減少しました。政府は temporary factors（一時的な要因）だと言っています。新型コロナウイルスで何度も封鎖措置が取られたことや、合意なき離脱に備えて企業が備蓄を増やしたことで、輸出入がこれまでほど必要ではなかったのが減少の原因だと言うのです。しかし、イギリス商業会議所の専門家は、**The practical difficulties faced by businesses go well beyond just teething problems.**（企業や業者が直面している現実の困難は、単に初期の問題というだけでなく、その後も続くものである）との見解を示しました。

さらに、イギリスが誇る金融部門にも不透明感が広がっています。離脱後もモノの移動については関税ゼロが保たれましたが、通商協定の対象外となった金融分野に大きな影響が出ているのです。EU には単一パスポート（single passport）と呼ばれる共通の免許制度があり、これまではイギリスに拠点をおく金融機関は、イギリス当局の免許で EU 在住の顧客に自由に営業できました。しかし、離脱によってイギリスは第三国の立場になり、市場へのアクセスに壁ができてしまったのです。そのため、2021年1月の

84

株取引代金では、ロンドンはアムステルダムに抜かれました。その後、両都市の首位争いが続いていますが、確かなことは、イギリスはもはやシティのブランドに安住してはいられないということです。

そういえば、2020年の末も迫り、交渉が難航しているときに、BBCは通商協定が妥結しても実は金融こそが難題だと伝えて、Elephant is not in the room, but in the service, financial service.（見て見ぬふりをしている難題は、部屋にではなく、サービス業にあります。金融サービスです）とリポートしていました。elephant in the room は、触れてはいけない問題、見て見ぬふりをする難題を意味しますが、ここでは、通商協定の妥結も危ぶまれるなか、金融サービスを後回しにせざるを得ない状況が巧みに表現されています。

teething problems [troubles, pains]
（事業などの）初期の困難・問題、発足［創業時］の苦労

teethe 歯が生える

ニュースによく出る言葉

new post-Brexit paperwork　ブレグジット後の新たな書類作成・事務処理

go bust　潰れる

teasing　からかう、いじめる

permanent problem　恒久的・永続的な問題

put down to ～　～のせいにする

temporary factors　一時的な要因

single passport　単一パスポート

elephant in the room　触れてはいけない問題、見て見ぬふりをする難題

every jot and tittle

EU離脱前後の"くせのある"表現 ②
jotはjob（仕事）?

83ページで扱った **teething problems**（初期ならではの困難）
に至る直前のことです。2020年12月24日、難航を極めたEUとの
通商協定を成立させたイギリスのジョンソン首相は、**We have
taken back control of laws and our destiny. We have taken
back control of every jot and tittle of our regulation. In a way
that is complete and unfettered.**（我々は、法と運命の決定権を
取り戻しました。規制についても、細部に至るまで決定権を取り
戻したのです。完全かつ、無制限に、です）と高らかに宣言しまし
た。この部分は重要なので、その後も何度かBBCで放送され、私
も改めて訳すことになりました。

ところが、**every jot and tittle of our regulation** のところを、
every job だと思い、tittle は知らなかったのですが省略できそう
だと思い、「あらゆる雇用と規制について完全に実権を取り戻しま
した」と訳しました。問題なさそうです。ところがよく聞いてみる
と、job ではなく、**every jot and tittle** と言っていたのです。jot
は少し、わずか、tittle もごくわずかという意味です。ですが、**not
one jot or tittle ～**（少しも～ない）というフレーズはあるものの、
every jot and tittle という言い回しは、辞書にもネットにも出て
いません。文章の訳としては、規則の細部だとは思いますが、気
になります。さらに、あれこれ調べているうちに、このフレーズが
聖書の『マタイの福音書』の有名な山上の垂訓の場面で使われて
いると説明する古代史専門家のブログを見つけました。しかも、そ
の英語は、ギリシャ語・ヘブライ語の原典から初めて英訳された16

世紀のティンダル版にあるそうで、イギリス人でもほとんど知らないということでした。こういう言葉を選択するので、ジョンソン首相は pretentious（気取り屋）と批判されることもあるのですね。

　確かに、ジョンソン首相の言葉使いは全体的に難しいです。それでも、放送通訳者は訳さなくてはならず、**every jot and tittle** まで知らなくてもいいんじゃないとも言っていられず、ツライところです。

▌ Road Haulage Association
▌ 道路を引っ張る協会ではありません

　teething problems が続くなか、BBC のリポートでは、**Road Haulage Association**（道路運送トラック協会）の代表も、官僚的な手続きが増えて困っていると言っていました。**haulage** は **haul**（引っ張る）の名詞で、引くこと、運搬、運送業を意味します。**hauler**（= **haulier** 英）も、「引っぱる人」から、大型輸送トラックや運送会社を意味します。**Road Haulage Association** は、番組内のテロップで出ただけなので、あえて訳出せずに済みましたが、**haul** の意味は知っていても、運送業までは連想できません。イギリス英語のようですが、内心「transport（運輸、輸送）とかを使ってよ」と思ったのでした。

　なお、新型コロナの感染者が、いったん回復した後も長期的な後遺症に苦しむ人がいることはよく知られていますが、この人たちは **Covid long-hauler**（新型コロナ長期後遺症患者）と言われます。この **long-hauler** は、長距離トラックの運転手ではありません。念のため。また、これもイギリス英語かと思っていたら、アメリカでも使われていました。

　離脱後の余波が、政府の言うように、初期にありがちな問題か、長期にわたる問題かは数ヵ月、数年単位で見ないとわかりません。

いつまでが **teething** 期間とされるのか、ブレグジットは果たして正しい選択だったのかが問われ続けるでしょう。私は通訳の世界に入るきっかけになったBBCやイギリスが好きですが、個人的には今も離脱はまずい決断だったのではないかと思っています。しかし、一見すると、王室のある古いイギリスは変化を好まず、同じ状況を漫然と続けるように見えるかもしれませんが、ブレグジットをめぐる一連の"騒ぎ"を通して、イギリスは単に大英帝国の残像を追っているだけではなく、問題があると思えば相当の代償を払っても違うことを試みる動的な国民なのではないかとも思うようになりました。ブレグジットを長期的に見ていきたいと思います。

Key Words

every jot and tittle
少し、わずか

jot 少し、わずか
tittle ごくわずか
not one jot or tittle 〜 少しも〜ない
every jot and tittle of 〜 〜の細部に至るまで

ニュースによく出る言葉

pretentious 気取った、気取り屋の、うぬぼれた、もったいぶった、見栄を張った
Road Haulage Association 道路運送トラック協会
haulage （haul［引っ張る］の名詞で）引っ張ること、運搬、運送業
hauler（＝ haulier 英） 引っ張る人、大型輸送トラック、運送会社
transport 運輸、輸送
Covid long-hauler 新型コロナ長期後遺症患者

19 twenty-twenty

20-20って、2020年のこと……?

　BBCの代表的なインタビュー番組である*HARDtalk*（『ハード・トーク』）に、2021年2月、オバマ政権下で国家安全保障会議・アジア上級部長を務めたエバン・メデイロス氏がゲストとして出演しました。鋭い質問をすることで知られるプレゼンターのサッカー氏が投げかけた最初の質問は、中国情勢や米中関係の現状を考えると、オバマ政権の中国政策は誤ったと言えるのではないかというものでした。それに対するメデイロス氏の答えが、**As a foreign policy maker, hindsight is always twenty-twenty.** でした。

　hindsight（後知恵）が**twenty-twenty**って、2020年のこと？ 頭のなかに数字の2が2つ浮かび、特別な意味を持った数字付きイディオムだと思った瞬間、catch-22（勝算なし、板挟み）に連想がいき、20-20がよじれて22に。さらにはcatch-22のcatchを略して22と言ったのかと思い、「政策立案者としては、後から見れば常に板挟みです」という、珍妙なフェーク（偽）訳が浮上。でも、なんだか変。沈黙して、次を待ちました。

　オバマ政権のスタッフならば、当然オバマ氏の政策を擁護するでしょう。「誤ったと言えるのではないか」と問われたら、「そんなことはない」と答えるはずですが、**twenty-twenty** の意味を知らずして、そこまで言い切る勇気はありません。いきなり面食らいました。

　調べてみると、**twenty-twenty** は20フィート離れたところからサイズ20というアルファベットの文字が識別できる視力のことで、視力が正常な、洞察力が鋭いという意味で使われます。日本の視力検査の、あれと同じです。日本的には1.0の視力に相当する

そうで、もともと遠視系の私としては1.0程度で「洞察力が鋭い」と同義語になるとは、わが身を思うと納得しにくいですが、それはともかく、物事がクリアに見えるという意味だったのです。さらに、この語は **Hindsight is twenty-twenty.** ということわざとなり、後で振り返ると何事もはっきり見える、後知恵は完璧、後なら何でも言えるという意味になります。

　ですから、ゲストの発言の訳は、「政策立案者としては、後からなら、いつでも何とでも言えます」となります。ゲストはこの表現が気に入っているようで、後半でももう一度使っていました。外交政策への批判には、常にこの言葉で防戦しているのかもしれません。なお、最初の **twenty-twenty** に続くゲストの言葉は、**You can always look back and wish you did things differently.**（後から振り返れば、もっと違うやり方もあったと思うものです）だったので、内容的には、ここを訳せれば十分ではありました。ですが、記憶の片鱗（へんりん）にも引っかかっていなかった **twenty-twenty** を、一瞬 "得意げに" catch-22 と取り違えかけるとは、我ながら念の入ったことです。

　なお、catch-22 は、第2次世界大戦中のアメリカ兵を描いた同題の小説（ジョセフ・ヘラー著/1961）に由来する言葉で、映画化（*Catch-22*『キャッチ22』マイク・ニコルズ監督/1970）もされました。「ジレンマ、勝算なし、板挟み」という意味で、It's a catch-22 situation.（出口のない矛盾した状況だ）などと言います。

▌繰り返し使われた eat one's lunch

　アメリカの対中政策に戻ると、トランプ前大統領が、2017年に中国を strategic competitor（戦略的競争相手）と宣言し、関税合戦を仕掛けて、対立色を強めたことはよく知られています。その前のオバマ政権はアジア重視で、対中政策も協力・関与が中心で

した。オバマ政権下で副大統領を務めたバイデン氏が大統領となった今、米中関係はどう変化していくのか、中国のみならず世界が注目しています。日本もこれまで以上に、米中との距離感が問われます。

　そうしたなか、バイデン大統領の対中観が明らかになってきました。トランプ政権同様に中国を strategic competitor と捉えていて、大統領就任後の2021年2月に中国の習近平国家主席との初の電話会談を終えると、中国のことを America's most serious competitor（アメリカの最も深刻な競争相手）と言いました。中国がインフラ分野に多額の投資をするなか、アメリカが行動しなければ **China will eat our lunch.**（中国は私たちを打ち負かすだろう）とも言いました。

　eat one's lunch は、文字通りには〜のランチを食べるということで、元は子どものいじめで「あいつが（オレの）弁当食った」というのが始まりだったらしいですが、今では「〜に勝つこと、メチャメチャにやっつけること」を意味し、国際社会の熾烈な勝敗まで表すようになりました。バイデン氏は、実は以前にもこの表現を使ったことがあります。大統領選の一候補だった2019年5月、アイオワ州の集会で、**China is going to eat our lunch? Come on, man. They're not competition for us.**（中国が打ち負かすだって。冗談はよしてくれ。我々の競争相手じゃないよ）と軽く言っているのです。それが、時を経て自らが大統領になると、同じ表現を使いながらも、主旨としては正反対のことを言うようになりました。

　さらに、このフレーズは、2020年の大統領選の第1回テレビ討論会で、トランプ氏がバイデン氏の息子ハンター氏の中国ビジネス疑惑を批判するなかでも使われました。**China ate your lunch, Joe.**（ジョー、中国にいいようにしてやられたじゃないか）。アメリ

カ側から見た米中関係を表す表現として、このフレーズは、今トレンディなのかと思わせるほどです。

ですが、この表現は、中国を脅威と感じる他の国も使いたいかもしれません。また、当然のことながら、中国の代わりに他の国名を入れて、特定の国の脅威を訴えることもできます。中国だって、**The U.S. will eat our lunch.** と反論するかもしれません。いずれにしろ、後で Hindsight is twenty-twenty. と言わないようにすることが肝心ということでしょう。

Key Words

twenty-twenty
視力が正常な、洞察力の鋭い

Hindsight is twenty-twenty.　（ことわざ）後で振り返ると何事もはっきり見える、後知恵は完璧、後なら何でも言える。
twenty-twenty vision　正常視力（1.0の視力）、正しい判断

 ニュースによく出る言葉

catch-22　ジレンマ、勝算なし、板挟み
It's a catch-22 situation.　出口のない矛盾した状況だ。
strategic competitor　戦略的競争相手
eat one's lunch　～を打ち負かす、メチャメチャにやっつける

20 huffing and puffing

2つの言葉をつなげたフレーズ ①
フーフー、ハーハー。通訳はいつもそんな感じ

　英語には、例えば **huff and puff** とか、**wishy washy** とか、2語が韻を踏んで語呂よく並んでいる表現があります。これは double-barreled phrase（2つの言葉をつなげたフレーズ）、reduplication（重複）と呼ばれるもので、リズミカルでコミカルな印象を与え、日本語の擬声語で訳すとピタッとあてはまることがあります。くだけた表現とされますが、実際には固い場で使われるものもあり、放送現場にも登場します。

　例をあげます。バイデン政権は、ロシア政府がアメリカ政府機関へのサイバー攻撃や2020年のアメリカ大統領選挙への工作に関わったとして、2021年4月にロシアに対する新たな制裁を発表しました。サイバー攻撃とは、ロシアの対外情報庁（SVR）が後ろ盾となっていると見られ、ネットワーク監視のソーラーウィンズ（SolarWinds）製品を使用するアメリカの政府機関や大企業が大きな被害を受けました。また、大統領選へのロシアの介入については、2016年の大統領選のときにも盛んに言われ、ソーシャルメディアを使って偏った情報を大量に流し、トランプ氏勝利に貢献したと言われています。それが、2020年の大統領選でも再び行われたというのです。

　バイデン大統領は、制裁発動のわずか数日前にロシアのプーチン大統領と電話会談し、米ロ首脳会談の開催を呼びかけたばかりでした。にもかかわらず、制裁を決めたのです。BBC がロシアの反応を伝えました。アメリカの批判は、meaningless blather（無意味なたわごと）で、**Has America gone bananas? Russians**

P
A
R
T
3

政治ニュースで出あった言葉

are furious at the moment. They are huffing and puffing. 前半は、「アメリカは頭がおかしくなったのか。ロシアは、今、激怒しています」という意味ですが、問題は最後の **huffing and puffing** です。通訳に入っていた私は、息に関係しているとは思ったものの、訳語は出てきません。尺(「しゃく」と言ってこの業界では時間のことを指す)も限られているので、前の部分だけ訳しました。これで意味は通じますので。

　後で調べてみると、**huff** は、ハーハーと呼吸する、風がヒューヒューと吹く、ぷーっとふくれ面をする、憤慨する。**puff** は、風などがさっと吹く、人がたばこなどをぷかぷか吹かす、人が息を切らす、です。**huff and puff** は、運動などで息を弾ませる、息を切らす、脅すように騒ぎ立てる、あからさまに反対する、文句を言う、憤慨する、となります。

　オノマトペ的な訳語ですと、ハーハー、フーフー言う、不平不満(文句)をタラタラ言うとなります。ただ、日本語で「ハーハー、フーフー言う」は息を切らして大変だということになり、相手への憤慨までは表現されません。ここではロシアの不満や憤慨が噴き出す様子を表しているので、文句タラタラではやや足りず、「カッカと怒りまくっている」くらいが適当でしょうか。

　なお、go bananas は「頭がおかしくなる、熱狂する」という意味で、banana は常に複数形です。BBC の特派員はこの件について、いつもより口語的な表現を多く使ってロシアの憤慨ぶりを伝えたので、通訳するほうもハーハー、フーフー、**huffing and puffing** となりました。

　さて、アメリカの措置に対し、ロシアもすぐにアメリカ外交官の追放など対抗措置を取りました。それでも米ロ首脳会談の可能性はあるということでした。ウクライナの親ロシア派に肩入れして国

際社会から批判されるプーチン大統領としては、バイデン大統領との首脳会談は、世界にロシアを尊重させることにつながり、魅力的な選択肢なのだそうです。国際政治は複層的な見方をしないとならないのですね。

それから数ヵ月後の2021年6月。両大統領はスイスのジュネーブで会談しました。

Key Words

huffing and puffing
ハーハー、フーフー。カッカと怒りまくっている

huff　ハーハーと呼吸する、風がヒューヒューと吹く、ぷーっとふくれ面をする、憤慨する

puff　風などがさっと吹く、人がたばこなどをぷかぷか吹かす、人が息を切らす

huff and puff　運動などで息を弾ませる、息を切らす、脅すように騒ぎ立てる、あからさまに反対する、文句を言う、憤慨する。ハーハー、フーフー言う、不平不満（文句）をタラタラ言う、カッカと怒る

ニュースによく出る言葉

double-barreled phrase　2つの言葉をつなげたフレーズ
reduplication　重複
meaningless blather　無意味なたわごと
go bananas　熱狂する、頭がおかしくなる

P
A
R
T

3

政治ニュースで出あった言葉

21 wishy-washy

2つの言葉をつなげたフレーズ ②
ウッシッシ?

　ロシアがバイデン政権による制裁に **huffing and puffing**（カッカと怒りまくる）していた頃、アメリカは一方でバイデン政権主催の気候変動サミット（2021年4月、オンライン開催）への根回しとして、気候変動問題の担当者であるジョン・ケリー特使を中国に派遣しました。アメリカは中国を深刻な競争相手としつつも、協力できる分野では協力するという姿勢を見せていて、中国もこれに応じる形で、会議には習近平国家主席が出席しました。ケリー氏は、民主党の重鎮として存在感を示していますが、2004年の大統領選で民主党の指名候補になったときは、対立候補の共和党のジョージ・W・ブッシュ陣営から、さんざん **wishy-washy**（優柔不断の）だの **flip-flopper**（日和見）だのと言われていました。対テロ戦のさなかの大統領選だったので、ブッシュ陣営による「決断力のないケリー氏」とのレッテル付けが奏功したのか、ブッシュ氏は現職の「戦時大統領」としての強みを発揮して、再選を果たしました。

　wishy-washy とは、紅茶やスープなどが水っぽい、薄いに始まり、人物に関しては優柔不断の、煮え切らない、消極的な、弱々しい、迫力がないという意味になります。オノマトペ的にはウジウジしているという感じです。私はこのときの大統領選関連の通訳で、初めて **wishy-washy** という言葉を知りました。以来、**wishy-washy** と聞くと、申し訳ないことながら、ついケリー氏の顔が思い浮かんでしまいます。

　もうひとつの **flip-flopper** は、日和見主義の（風見鶏的な）政治家を指し、主にアメリカで使われます。この言葉の元の **flip-flop**

は、（サンダルなどの）バタバタ、カタカタ鳴る音、（体操の）バック転、意見・方針の急変、反対意見へのくら替え、寝返りで、動詞でも使われます。ケリー氏は、もちろんこうした評を全面否定し、I'm known as a good closer.（自分は取引をまとめられる、交渉手腕がある人間として知られている）と反論しました。現在、ケリー氏のことを **wishy-washy** とか **flip-flopper** などと言う人はいないでしょうが、ぜひとも気候変動問題で good closer としての手腕を見せてもらいたいです。

Key Words

wishy-washy
［紅茶やスープなどが］水っぽい、薄い。［人が］優柔不断の、煮え切らない、消極的な、弱々しい、迫力がない。ウジウジしている

ニュースによく出る言葉

flip-flopper　日和見主義の（風見鶏的な）政治家
flip-flop　（サンダルなどの）バタバタ、カタカタ鳴る音、（体操の）バック転、意見・方針の急変、反対意見へのくら替え、寝返り［動詞もあり］
good closer　交渉手腕がある人間

22 nitty-gritty

2つの言葉をつなげたフレーズ ③
ニッティって編み物と関係ある?

　2つの言葉をつなげたフレーズを、もうひとつ紹介します。放送禁止用語になりかけた **nitty-gritty**(物事の核心、本質、基本的事実)です。

　例をあげます。**States and counties are getting better at the nitty-gritty of what's required to get COVID-19 vaccines into arms, but distribution still varies because of the nation's fractured and underfunded health system.** (*USA TODAY* 2021/3/1)(アメリカの州や郡は、新型コロナのワクチン接種を実施するにあたり、必須事項の核となることには対応できるようになったが、国の医療制度が崩れていて、資金不足のため、ワクチンの配給にはまだバラつきがある)。ここでは、アメリカはワクチン接種が順調に進んでいるようだが、やはり問題があると言っています。

　また、こんな見出しもあります。**Washington and Pyongyang get down to 'nitty gritty' in nuclear talks.** (*Reuters* 2018/7/7)(米朝、核協議の「核心」に入る)。当時は、トランプ氏と北朝鮮の金正恩(キム・ジョンウン)氏による第一回米朝首脳会談が終わったばかりで、南北朝鮮の平和条約締結と朝鮮半島の非核化へ向けて機運が高まったように見えた時期でした。私は民放で、会談後のトランプ氏記者会見を同通したので、この問題には特に注目してきましたが、残念ながら、その後何の進展もないまま今日に至っています。

　また、**nitty-gritty** という言葉は、この例のように **get down to the nitty-gritty**(問題の核心に触れる、本題に入る)という形でよく使われます。

　ところが、その **nitty-gritty** が、あるとき、物議を醸しました。語源が奴隷貿易船に関係するとの説があるため、人種差別に敏感になった世論に呼応して、2020年にイギリスの *Sky Sports* というスポーツ専門チャンネルが使用禁止にしたのです。そこへ、BBC の政治記者が podcast 報道でこの言葉を使ったため（2021/1/23）、リスナーから苦情がきました。思わぬ騒動に発展しましたが、その後、BBC はこの苦情は受け入れないとの立場を明確にし、**nitty-gritty** は放送禁止を免れました。世界中で politically correct（政治的に正しい）な言葉使いが、強く求められるようになっています。それとともに放送通訳者も禁止用語には敏感に対応しなくてはなりません。

　さて、数多くある double-barreled phrase の中から、いくつか紹介してみました。語呂が面白いので印象的ではありますが、言葉と意味の間に距離があるので記憶しにくいのが難点です。「聞いたことがある」と思っても、記憶の底から浮上してきてくれないのです。おそらく外国人の日本語学習者がオノマトペに感じる難しさに共通するのではないでしょうか。でも、この語呂の良さは、何度か口にするとイメージしやすくなります。ハッフィング・パッフィング、ウィッシィー・ウォッシィー、ニッティ・グリッティ。思い切って自分で使ってみるのが一番です。

Key Words

nitty-gritty
物事の核心、本質、基本的事実

ニュースによく出る言葉

get down to the nitty-gritty　問題の核心に触れる、本題に入る
politically correct　政治的に正しい

23 optics

光学関係の言葉?

　opticsと聞くと、多くの人がoptical（光学の、視力の）の関連語だと思うのではないでしょうか。確かに、**optics**には光学・光分子学、光学特殊効果といったopticalに直接関連する意味があります。しかし、最近ではこの言葉が別の意味を持って使われるようになりました。一般的な英和辞典にはまだ掲載されていませんが、「世論、見た目、世間映り、イメージ、心証」などを意味する言葉で、単数・複数両方で扱われる宣伝・広報業界用語でもあります。

　私がこの言葉に最初に出あったのは、2～3年前だったでしょうか。どういう文脈だったか覚えていませんが、BBCで **The optics is...** と言ったのです。眼に関する何か、光学かと思いましたが、よくわかりません。ここを飛ばしても、訳全体に大きな支障はなかったのは幸いでしたが、opticsそのものは「？」でした。手元の辞書を見ても出ていませんし、ネットで見ても探せませんでした。疑問のまま、脳の隅に置かれていたのですが、その後もBBCやCNNでは時折聞くので、しばらくしてからもう一度調べてみると、今度はネットで前述のように「世論、見た目」などと出ていました。

　では、最近の事例を見てみましょう。
　2021年1月6日、アメリカ大統領選挙の結果を議会が正式に認定する上下両院合同会議が、トランプ氏支持者らによって襲撃を受けた事件について、後日、公聴会が開かれました。ワシントンDC州兵部隊のウィリアム・ウォーカー司令官が、州兵（National Guard）の到着が遅れたことについて証言しました。

まず、**concerns about the optics of deploying the National Guard to the U.S. Capitol**（米国議会議事堂への州兵派遣を世論がどう捉えるかについて懸念）があったと述べ（*The Hill* 2021/3/3）、さらに、**The Army senior leaders did not think that it looked good, it would be a good optic. They further stated that it could incite the crowd.**（軍の指導部は、派兵はよさそうだとか世間受けがいいだろうとは思いませんでした。そんなことをすれば、群集をあおりかねません）と証言しました。ここでは、**optics** は、国民が州兵の派遣をどう見るか、国内世論がどう反応するかという意味で使われています。軍の指導部は、派兵することで、国内世論が反発し、騒ぎがもっと深刻な "クーデター" に転じかねないと懸念したのです。

また、この事件に関しては、**"Trump's White House downplayed the Capitol riot as a mob stormed the building, with Ivanka Trump calling it 'an optics issue,' a new book says."**（新著によると、トランプ政権は暴徒が米国議会議事堂を襲撃していたときも、乱入事件を軽視していたうえ、イヴァンカ・トランプは「世間の見方の問題」にすぎないと言った）との見出しを掲げるビジネスニュース・サイトがありました（*Business Insider* 2021/6/29）。新著とはマイケル・ウォルフの *Landslide: The Final Days of the Trump Presidency*（地滑り——トランプ政権の最後の日々）のことで、著者は話題作となった暴露本 *Fire and Fury: Inside the Trump White House*（『炎と怒り―トランプ政権の内幕』/2018）も書いています。イヴァンカ氏はトランプ前大統領の娘で、このときは政権の上級顧問でもありました。トランプ一族なら、こんなことを言いそうです。

軽いニュアンスの optics

さて、こうして **optics** の意味も使い方も理解したつもりでいたら、BBC で別の事例に出くわし、訳に詰まってしまいました。タリバンによるカブール制圧後の混乱のなかで、プレゼンターとパキスタン政府の安全保障補佐官がやり取りしました。

Presenter: How would you describe public opinion now about the prospect of an exodus of Afghan refugees? And also I suppose the optics — a terrible word, the look of what is happening is thousands of civilians from Afghanistan arrive at the borders, but not let through [*sic*].
「アフガン難民の脱出がこれからも続くと見られますが、それに関する［パキスタン］世論はどうでしょうか。また、**optics**（世間のイメージ）、あっ、この言葉はふさわしくありませんね。現在起きていることを見ると、国境にアフガニスタンの民間人が大勢到着しながらも、通してはもらえません」
Guest: I mean the optics is not a great word for that situation obviously. This is a very troubling time for Pakistan.
「**optics**（世間のイメージ）という言葉は、今のような状況では、明らかにふさわしくありません。今はパキスタンにとっても大変なときです」

プレゼンターの最初の文の public opinion（世論）は問題がないのに、それと同じような意味の optics は terrible word（ひどい言葉）になるのはなぜでしょうか。まず public opinion は中立的な言葉で、問題になるようなニュアンスはないということ。一方、

optics のほうは、イメージ重視の広告業界の言葉だということを意識する必要があります。さらに、**Optics matter more than substance in deciding public opinion.**（世論を決めるのは、中身より見た目）という言葉もあるくらいなので、**optics** には少々軽いニュアンスがありそうです。プレゼンターは不用意にこの言葉を使いかけて、慌てて撤回したのは、難民の流出という重大な局面に使うにはふさわしくなかったからでしょう。それに対するゲストの反応にも、今はアフガン難民が大量にパキスタンに流入してきて、人道を含めどう対応するかが優先されるべきで、世間の見方について論じる場合ではないという思いがあったのではないでしょうか。

　optics の持つニュアンスを正確につかめていなかったので、実際の通訳ではこの語は訳せず、大意を伝える形でしのぎました。言葉は奥深く、なかなか本当には理解できないことを痛感した単語でした。

Key Words

optics
世論、見た目、世間映り、イメージ、心証

optical　光学の、視力の
optics　光学・光分子学、光学特殊効果

 ニュースによく出る言葉

National Guard　州兵
public opinion　世論
terrible word　ひどい言葉

24 hot potato

熱々のジャガイモ、おいしそう

　熱々ホッカホカのジャガイモ。おいしそうですが、実はおいしくない文脈で使われます。

　バイデン政権下で、米中の外交トップによる初の直接会談がアラスカで開かれました（2021/3）。それに先駆けて、NHK・BSで放送されたシンガポールCNAニュースでも、バイデン政権の対中政策が話題になりました。キャスターとワシントン特派員がやり取りをします。**The Biden administration has inherited quite a hot potato from the Trump administration, but what's Washington's strategy now to confront or [to be] more assertive to China?**（[　]は補足）（バイデン政権は、トランプ政権から、かなりの難題を引き継ぎました。中国と対立するにせよ、自信を持って対峙するにせよ、アメリカ政府の戦略はどのようなものですか）。

　以前に経済ニュースで **hot potato** に遭遇したとき、私は、熱々の湯気の上がったジャガイモを思い浮かべてしまい、絶句。今回はそのときの学びが生きてすぐ理解できましたが、**hot potato** には比喩的意味があるのです。

　まずは、焼きジャガイモ（＝ **baked potato**）を指しますが、同時に、困難な問題、難局、[誰も処理したがらない] 扱いにくい問題、手に余る問題も意味します。焼きジャガイモは熱くて持っていられないので、アッチッチとすぐに放り投げたくなる難問という意味になったのでしょう。文脈によっては、なすりつけ合うといったニュアンスも加わります。日常的なイメージのする「熱々ジャガイモ」ながら、硬派の話題でも普通に使われます。

ちなみに、前述の質問に対する特派員の答えは、Not in the guise of America alone.（アメリカは単独行動を取るふりはしません）というものでした。in the guise of ～ は、～と装って、ふりをして。America alone は、トランプ氏の America First（アメリカ第一主義）を意識した言葉で、ここでは、アメリカは孤立していない、単独主義ではない、同盟国を重視すると言っています。

▎hot が面白いニュアンスを加える

　他の例を見てみましょう。アメリカでは、バイデン政権でジャネット・イエレン氏が女性初の財務長官に就任し、話題になりましたが、イエレン氏は2014年にアメリカ連邦準備制度理事会（FRB：Federal Reserve Board）議長に就任したときも、女性初の議長として注目されました。金融危機後の長期緩和策を主導し、トランプ政権になっても2年間議長を務め、その後を継いだのが現在のパウエル議長です。このときに、**The potato that Janet Yellen has passed to Jerome Powell may not seem unbearably hot to the touch, but it might be hot enough on the inside to be quite painful to eat.**（イエレン氏がパウエル氏に渡した"ジャガイモ［問題］"は、触れられないほど熱いわけではなさそうだ［対応不能というわけではない］が、中身は食べられないほど熱い［実は極めて難題］かもしれない）（*The Hill* 2018/2）という論評がありました。**hot potato** の比喩が巧みに使われています。

　リーマン・ショック後の対策として、量的緩和（quantitative easing）という非伝統的な金融政策（unconventional monetary policy）を導入したバーナンキ元議長。その後始末として、有事対応からの離脱を進め、金融正常化（financial normalization）に道筋をつけたイエレン氏。ばらまいたマネーの回収を含め、金融正常化を進め、引き締めサイクルの落としどころを決めるのがパウ

エル氏という流れです。前述の例文の **hot potato** は金融正常化を指しています。道筋はついているので、手が付けられないほどの難題ではないが、いざ実行しようとすると、困難が待ち受けているという意味なのですね。

アメリカの財政金融政策は、バイデン政権になっても、新型コロナのため有事体制が続いています。1.9兆ドルの大型経済対策（\$1.9 trillion coronavirus relief package, economic rescue package）も決まりました。イエレン財務長官とパウエル議長も、財政・金融の両面からこれを推進していますが、景気の過熱がもたらす金融フロス（froth：泡）には警戒しています。

新政権というのは、前政権からの難題を引き継ぐのが常ですが、バイデン政権も前政権から **hot potato** をいくつも引き受けました。例えば、**The sanctions against Chinese listed firms would become a 'hot potato' for the Biden administration, as Biden would be criticized for his 'soft' stance on China issues if he abandons Trump's order.**（*Global times* 2021/1/9）（中国上場企業への制裁は、バイデン政権にとって「難題」となるだろう。トランプ氏の命令を放棄すれば、中国に対して弱腰だと批判される）。

Afghanistan has passed like a hot potato from president to president since George W. Bush toppled the Taliban regime that gave sanctuary to the al-Qaeda masterminds of 9/11.（*The Washington Post* 2021/3/2）（アフガニスタン問題は、ジョージ・W・ブッシュ氏が、9.11のアルカイダ首謀者に逃げ場を与えたタリバン政権を倒して以来、熱々のジャガイモのように、大統領から大統領へと先送りされてきた）。

バイデン大統領は、その後、長年の懸案であるアフガニスタン駐留米軍の撤収を断行しましたが、タリバンの予想外の進撃によりアフガニスタンはあっけなく陥落。バイデン大統領としては、

hot potato を手放すはずが、もっと熱くなったジャガイモを持て余す羽目になったかもしれません。

　こうして見てくると、**hot potato** は、簡単な単語ながらも、イメージを膨らませてくれるフレーズであることがわかります。hot がそういう形容詞なのでしょう。**hot button**（強い関心を呼ぶ重要問題）や **hot ticket**（引っ張りだこの人・物、人気者）といったフレーズもあり、hot が面白いニュアンスを加えています。

Key Words

hot potato
焼きジャガイモ（＝ baked potato）、困難な問題、難局、［誰も処理したがらない］扱いにくい問題、手に余る問題

hot button　強い関心を呼ぶ重要問題
hot ticket　引っ張りだこの人・物、人気者

 ニュースによく出る言葉

in the guise of ～　～と装って、ふりをして
America First　アメリカ第一主義
FRB (Federal Reserve Board)　アメリカ連邦準備制度理事会
quantitative easing　量的緩和
unconventional monetary policy　非伝統的な金融政策
financial normalization　金融正常化
$1.9 trillion coronavirus relief package, economic rescue package
　1.9兆ドルの新型コロナ救済対策、経済救済計画
froth　泡。類似の bubble（泡、バブル）は、物価が短期に急上昇し、過剰に景気拡大する様子を表していて、これが一気に弾けるのをバブルの崩壊と言う。froth のほうは、同じ泡でも物価の上昇（＝景気の過熱）がそれほど深刻ではないときに使う。

25 over the horizon

水平線のかなたに

over the horizon は、文字通りには「水（地）平線のかなたに」という意味です。辞書を引くと、「兆しが見えて、将来起こりそうで、視界外の」という語義が出ています。このフレーズから、*Over the Rainbow*（『虹の彼方に』。映画 *The Wizard of Oz*『オズの魔法使』ヴィクター・フレミング監督（1939）の主題歌）を連想する人もいるかもしれません。「〜のかなたに」は、何かいいことが起きそうなイメージを抱かせるロマンのある言葉です。

ですが、それがバイデン政権によるアフガニスタンからの米軍撤収に関して使われると、はるかかなたの夢のイメージとは異なり、訳語も、「遠隔の（距離）、先を考慮した（時間）」あたりがふさわしくなります。さらに、アフガニスタン情勢の急変で、水平線のかなたの視界は一層不良となりました。

バイデン大統領が、アフガニスタンからの米軍撤収を発表したのは2021年4月。イスラム原理主義の国際テロ組織アルカイダによる2001年のアメリカ同時多発テロ後、アメリカは有志連合とともに、アフガニスタン内のアルカイダの活動拠点を壊滅させるため、アフガニスタンに侵攻。アルカイダをかくまっていたと思われる当時のタリバン政権を崩壊させました。その後、アメリカは支援任務のため部隊を駐留させ、アフガニスタン政府軍の支援と指導にあたってきたのです。しかし、トランプ前大統領は、経費節減のため、一定の勢力を保持していたタリバンと交渉。米軍撤収で合意しましたが、実行されないうちに、バイデン政権が誕生したのです。これを引き継いだバイデン氏は、同時多発テロから20年を迎える「2021.9.11」を期限として、撤収を表明し、実行に移しま

した。他に駐留部隊を出しているイギリスなどの国々も同調しました。

ところが、撤収の決定を聞くやタリバンの攻勢は始まり、次々と主要都市を制圧。瞬く間にカブールも陥落させ、アフガン政権は崩壊しました。世界が驚愕する事態となったのです。

首都制圧の数日前、イギリスも、援助団体スタッフや大使館職員、20年にわたり駐留英軍に協力してきたアフガン人を退避させるため、軍を派遣すると発表していました。

BBCの国防担当記者が、派兵は退避をスムーズに行うためであって、タリバンと戦うためではないが、もしテロの脅威があれば、米軍も英軍も戦闘能力はあると述べました。そして、**They have assets like aircraft, for example, drones that they could use over the horizon, in other words, out of the country.**（米軍も英軍も例えば、航空機、ドローンなどの装備があります。これを、遠隔で使うことができる、別の言い方をすると、国外から使うことができます）と言ったのです。

通訳に入っていた私は、**over the horizon** の訳語に詰まりました。記者が親切なことに **out of the country** と補足説明を加えてくれたので、この場では **over the horizon** は訳さず、確実な「国外から」の部分だけを訳しました。

▌米軍撤収報道の "buzz word"

思い起こすと、バイデン大統領の施政方針演説（137〜147ページ参照）でも、**over the horizon** が使われていました。このときも同通に入っていましたが、本番ではこの部分は担当ではなかったため気づかず、後で見直したときにこの表現に引っかかりました。バイデン氏は、9.11同時多発テロの首謀者であるオサマ・ビンラディンを裁きにかけ（＝殺害）、アルカイダの脅威を低減させた、ア

フガニスタンから軍撤収のときが来ていると述べ、**We'll maintain over-the-horizon capacity to suppress future threats to the homeland.**（我々は、アメリカ国土への将来の脅威を抑える遠隔的軍事能力を維持します）と述べたのです。**over the horizon** については、今は、いろいろと調べて考えた結果、意味としては、「米軍のプレゼンスがないなかで、米軍の派遣もせずに」となり、訳語はシンプルな「遠隔」でいいと言えますが、そのときはコンセプトもはっきりわからず、いい訳も思い浮かびませんでした。

　そもそも、バイデン大統領は、施政方針演説の2週間ほど前にアフガニスタンからの米軍撤収に関して、The Way Forward in Afghanistan（アフガニスタンにおける展望）と題する演説をしていて、ここでも **over the horizon** を使っています。**We'll reorganize our counterterrorism capabilities and the substantial assets in the region to prevent reemergence of terrorists — of the threat to our homeland from over the horizon.**（我々は、反テロ能力と、この地域における十分な資産を再編し、テロリストの再来を阻止していきます。遠隔からアメリカ国土に向けた脅威の再来を阻止するのです）。

　どうやら、このフレーズは米軍撤収に関しては一種の buzz word（バズワード、流行語）になっていたようで、他の政権幹部も頻繁に使っていました。オースティン国防長官も、**We will continue to support [the Afghans] with over-the-horizon logistics.**（遠隔のロジスティクスで［アフガン人への］支援を継続します）（［　］は補足）と言い、ミリー統合参謀本部議長も、**We have to sort out doing it over the horizon.**（遠隔でやることを整理しなくてはなりません）と言っています。ただ、NPR（米公共ラジオ局 2021/5/17）でグレグ・マイア記者は、**over the horizon** の具体的な中身は明らかではなく、ぼんやりしたコンセプト

（fuzzy concept）だと述べていました。ベテラン記者がそう言うのですから、私が理解できなくても当然かなと思います。

また、米軍撤収以外での **over the horizon** の用例については、USAID（米国国際開発庁）が戦略見直しプログラムの名称にこれを使っています。新型コロナに関して、**Looking Over the Horizon: Adapting to a World Altered by COVID-19**（2020/10/29）（将来を見据えて：新型コロナで変容した世界に適応する）との姿勢から、時限的、省庁横断的な戦略の見直しを行おうとしています。ここには、不透明な未来への対策という意識が入っているようです。

▌on the horizon はより近い将来

なお、**over the horizon** と意味的には重なりながらも、若干ニュアンスの異なるフレーズに **on the horizon**（水（地）平線上に）があります。こちらも、語義は「兆しが見えて、差し迫って、近い将来」となっていますが、**over the horizon** のほうが、時間的・空間的にもう一歩向こう側という感じがします。**on the horizon** のほうも何かいいことが起きそうなイメージを抱かせますが、実際の用法は **over the horizon** 同様にこちらも中立的です。

例をあげましょう。**Hope on the horizon: developing a Covid vaccine**（水平線上に希望：新型コロナのワクチン開発）。**Is a 4th wave of the pandemic on the horizon?**（新型コロナの第4波は迫っているのか？）などです。

さて、**over the horizon** を調べているうちに、2021年8月にカブールが陥落してしまい、私も困惑しました。国際社会はタリバンの再来にうろたえています。バイデン政権の誤算・失策、タリバンの戦力過小評価だと非難轟々です。20年かけて築いた「民主的国家」の礎があっけなく瓦解し、イスラム教のシャリア法の下で、

女性の権利が再びはく奪されるかもしれません。旧政権の関係者や米軍に協力したアフガン人も、タリバンからの報復を恐れています。カブール陥落の日、空港の滑走路に殺到した人々が、離陸する米軍機に追いすがる姿は強烈で、痛ましくも振り落とされて亡くなった人たちがいました。

カブール陥落後、バイデン大統領は、There was never a good time to withdraw U.S. forces.（米軍撤収にふさわしい時などありませんでした）と発言し、自分たちの目的は、アフガニスタンの国家建設（nation building）ではなく、counterterrorism（テロ対策）だと述べて、撤収の決断を擁護。国民も米軍撤収については、長らく支持してきました。

それでも、トランプ氏の負の遺産を払拭して新政権の運営を順調に進めてきたバイデン政権にとって、このことが大きな痛手となる恐れがあります。**over-the-horizon capacity** は、この後いつまで有効でいられるでしょうか。

Key Words

over the horizon
水（地）平線のかなたに、兆しが見えて、将来起こりそうで、視界外の、遠隔の

on the horizon 水（地）平線上に、兆しが見えて、差し迫って、近い将来
over-the-horizon capacity 遠隔的軍事能力

ニュースによく出る言葉

The Way Forward in Afghanistan　アフガニスタンにおける展望
buzz word　バズワード、流行語
fuzzy concept　ぼんやりしたコンセプト
USAID(The United States Agency for International Development)
　ユーエス・エイド、米国国際開発庁
nation building　国家建設
counterterrorism　テロ対策

03 同時通訳の先駆者

　若手の通訳者は、西山千（1911-2007）と言っても知らないかもしれませんが、年代が少々上になると、通訳とは関係がなくても、偉大な同時通訳者として記憶している人が少なくありません。アポロ11号月面着陸（1969）のテレビ中継をNHKで同時通訳し、一躍その名が知られるようになったからです。

　私は、以前に、通訳・翻訳の大手であるサイマル・インターナショナルの翻訳部に勤務するかたわら、短期間、通訳者養成所のサイマル・アカデミーに通学しました。そこで80歳を超えた西山千先生に、通訳を教えていただきました。普段は優しい物腰の紳士ですが、授業は緊張感が漂い、受講生は先生を畏怖していました。先生は、英語と日本語を切れ目なく、まるで音声切り替え装置のスイッチを切り替えるように自在に行き来され、どちらの言語も言いよどむことがなく、よく通る美しい声で聴く者を惹きつけました。

　先生は米国育ちの日系2世で、家庭では日本語を使っていましたが、アメリカの大学の専攻は電気工学だったので、日本についての知識もなく、難しい日本語も知らなかったとい

います。諸事情あって日本に帰国し、戦後、GHQ（進駐軍）で通訳を始めました。そのうち、逐次通訳では関係者が通訳を聞いている間、待たなくてはならないので、時間を短縮したくて独自に同時通訳を始めたというのです！ その後、歴代の駐日米国大使の通訳を務め、なかでもライシャワー大使との関係は密でした。ライシャワー大使は日本育ちなので、日本語が堪能で、歴史や文化に造詣が深く、先生は大使から多くを学んだそうです。それでも米国大使は公の発言には必ず通訳をつけるので、先生は常に傍らにいました。

　また、NHKで月面着陸の同時通訳をするにあたっては、数ヵ月前から打ち合わせをし、訳語の選定にも関わってきました。着陸した場は、the Sea of Tranquility。これを「静寂の海」でも「静かな海（しずかなうみ）」でもなく、詩的な響きがする「静かの海（しずかのうみ）」にしたと話されていました。

　私は子どもの頃、家のテレビで月面着陸の中継を見ました。「こちらヒューストン」の声と、先生のほっそりした姿がおぼろげに記憶にあるだけですが、人類が未知の世界に一歩踏み出す興奮でいっぱいでした。先生はその劇的瞬間の橋渡しをされたのです。

　それから数十年。この月面着陸について、思いがけず裏話を聞く機会に恵まれました。

　2017年に、私が教鞭をとる大学に通訳界の大御所である小松達也・元サイマル・インターナショナル社長をお招きし、

講演していただいたときのことです。私にとってはサイマルで翻訳をしていたとき以来のご縁です。講演では、昔の苦労話や失敗談なども盛り込みながら、通訳の醍醐味をにこやかに話されました。なかでも、ご自身も同通されたアポロ11号の月面着陸のエピソードは心に残りました。「宇宙からの通信でザアーザアーと雑音が入るので、何を言っているのか聞き取れない。各局の通訳者は皆そういう状況に置かれていた。そのなかで、西山千さんだけは本当に全部わかっていたようだ」と言われたのです。これは小松氏自身が大ベテランであるからこそ言えることで、私は西山千先生と小松達也氏の双方に改めて感動しました。

　また、この話から、私自身、思い起こすことがありました。宇宙飛行士の野口聡一氏が国際宇宙ステーションで日本人初の船外活動を行ったとき（2005）に、同通の依頼を受けたのですが、ノイズに恐れをなして、断ってしまったのです。

　世界は今また、月面有人探査だ、火星有人探査だと宇宙開発に邁進しています。民間部門も意欲的です。ですが、50年前と違って、各国の国益や覇権争いが一段とあからさまのように見えます。どうか地球の問題を宇宙に持ち込むことなく、人類の夢と希望のために未知の世界に挑戦してほしいです。そして、もしまた巡り合わせがやってきて、私に火星有人探査の同通の依頼がきたら、そのときこそは「こちら火星！」と言ってみたい。

大統領演説・大統領選
で出あった言葉

26 franchise と disfranchise

フランチャイズと言われてもピンときません

　フランチャイズと言われても、誰もがピンとくるわけではないと思いますが、いかがでしょうか。ただ、2019年のある時期、日本のメディアで盛んにこの言葉が使われました。セブンイレブンやファミリーマート、ローソンなどの大手コンビニの加盟店である"フランチャイズ"が、人手不足で24時間営業の困難さを訴えたことから、コンビニの厳しい経営実態が明るみに出ました。コンビニは、加盟店が、すでに確立されたセブンイレブンなどの店の看板を使い、サービスや商品を取り扱う権利を得る代わりに対価を払うという形で、運営されています。身近なコンビニがテーマだっただけに、大きな社会問題となり、私もこの言葉を改めて理解しました。

　フランチャイズは、もちろん英語の **franchise** のカタカナ語です。辞書を見ると、古フランス語 franc（自由な）より、「franch-（自由な）＋ -ise＝する」→「特権（を与える）」と出ていて、名詞の語義は、公民権、市民権、参政権、選挙権、[官庁が個人・会社に与える]特権、チェーン店の営業権、[プロ野球などの]本拠地での独占興行権、プロのスポーツチーム、花形選手などなど。動詞は、〜に特権[許可、選挙権]を与える、です。言われてみると、アメリカのプロ野球やバスケットボール、アメリカンフットボールに関するニュースでも出てきます。参政権とプロ野球の花形選手？到底、同じ言葉には思えません。さらに、その否定型である **disfranchise**（＝ **disenfranchise**）になると、もともとの語義のわかりにくさに加えて、カタカナ語のフランチャイズに惑わされて、理解が一層、困難になります。

▌トランプ氏がたびたび使った disenfranchise

　2020年のアメリカ大統領選では、共和党のトランプ大統領が選挙前から、不正が行われると言い続け、選挙後も、民主党のバイデン氏に敗れたにもかかわらず、証拠を示さないまま、選挙は不正で盗まれたと主張しました。そして、自分に投票した人たちの選挙権を奪うことになると言い、**disenfranchise** という言葉を幾度となく使ったのです。私は、大統領選の当日に、民放テレビの特番にスタンバイしていました。しかし、選挙結果はなかなか出ず、代わりにトランプ氏の早すぎる"勝利宣言"を同時通訳することになりました。そこで、トランプ氏は **A very sad group of people is trying to disenfranchise the millions of people [who voted for me].**（[　]は補足）（大変気の毒な人々の一団が、[自分に投票した]数千万人の選挙権を奪おうとしています）と訴えたのです。

　これより前から続いていた大統領選関連のニュースで、私はすでに **disfranchise** に遭遇していたので、幸い、このときは訳せました。最初に出てきたときは、「投票を無効にする」としか言えず、文脈から想像しての訳でした。内容的には通じますが、正確には **franchise** が権利を与えるですから、**disfranchise** ははく奪するとなり、「選挙権を奪う」としなくてはなりません。コンビニ問題でなじんだフランチャイズとはかけ離れた政治の場面で、ぼんやりした記憶の上に否定語が出てきたため、正確に訳せず、文脈に頼るしかありませんでした。

　さらに興味深いのは、トランプ氏が「選挙不正」キャンペーンを展開するなかで、民主党支持の側から、トランプ氏のほうこそバイデン氏に投票した黒人から選挙権を奪おうとしているという主張がなされたことです。例えば、**Trump is trying to disenfranchise**

black voters. The GOP isn't stopping him. (*The Washington Post* 2020/11/19)（トランプ氏は黒人票をはく奪しようとしている。共和党はこれを止めようとしない）。

　目を覆わんばかりの混沌のなか、この後も **disfranchise** や **disenfranchise** が時と所を変えて何度も登場。私はそのたびに「選挙権を奪う、はく奪する」と連呼しました。そうして、ようやくこの語になじんだと思った途端、今度は違う状況で **disfranchise** が出てきました。

▌権利のはく奪と疎外感

　2021年1月6日、アメリカの上下両院合同会議でバイデン氏が正式に大統領に承認される日に、トランプ支持派の暴徒による連邦議会議事堂襲撃事件が発生しました。それでも、バイデン氏は新大統領に承認され、トランプ氏は暴徒を扇動したとして弾劾裁判にかけられましたが、結果は無罪となりました。

　世界に衝撃を与えたこの事件をめぐり、BBCに出演した元FBI・CIA agent（諜報員）が、コメントしました。この女性はCIA counterterrorism（テロ対策）の担当者で、世界のテロリストたちに、なぜテロリストになったのか、なぜアメリカ人をそれほど憎むのかを聞いた経験があります。そして、その答えの99.9%が国家に対する憎しみなどから始まっているわけではないと言うのです。**It really didn't start out as a sort of disloyal hatred. It started out as them being feeling very disfranchised in their countries [*sic*].**（実際には、国家への憎しみのようなものから始まるわけではなく、自国なのに当然の権利を奪われたという強い疎外感から始まるのでした）。さらに、国が教育や生活などの基本的ニーズを提供してくれないところに、イスラム過激派のアルカイダやIS（イスラミック・ステート）などがやってきて、代わりに提供

してくれる、これが過激思想に傾倒するきっかけとなる、今回の
アメリカの国内テロリスト（暴徒）にもあてはまると解説しました。
These folks are feeling very disfranchised.（これらの若者は、
強い疎外感を持っているのです）と強調していました。

　私は、全体の論旨から、**feel disfranchised** の訳語として「疎
外感」という言葉が浮かびました。自分の国なのに、当然の権利さ
え奪われた、排斥された感じです。具体的に選挙権や公民権が奪
われた話ではないので、悪くない訳だと思います。むしろ、いい訳
といえるかもしれない。feel isolated（孤立感を味わう）という感覚
に、権利のはく奪という社会的側面が加わると **feel disfranchised**
になるのでしょう。しかし、それでも **disfranchise** も **franchise**
も、全体としてとっつきやすい言葉とは言えず、理解したと思って
も、また別の使われ方があって、言葉の奥深さを感じたのでした。

Key Words

franchise
名詞：公民権、市民権、参政権、選挙権、［官庁が個人・会社に与える］
特権、チェーン店の営業権、［プロ野球などの］本拠地での独占興行権、
プロのスポーツチーム、花形選手
動詞：〜に特権［許可、選挙権］を与える

disfranchise（= **disenfranchise**）　選挙権を奪う、はく奪する
feel disfranchised　疎外感を味わう

ニュースによく出る言葉

agent　諜報員
CIA counterterrorism　CIA のテロ対策
feel isolated　孤立感を味わう

27 ecosystem

もちろん「生態系」を意味するのですが……

　地球温暖化（global warming）が刻一刻と進んでいて、世界の あちこちで、温暖化を示す現象が起きています。異常気象を伝え る衝撃的な映像は多く、北極の氷が溶け出す様子や、山火事や洪 水で途方に暮れる被災者の姿が、テレビで放映されるようになり ました。また、温暖化と密接に関係する環境問題やそれに伴う ecosystem（生態系）の破壊についても、しばしば論じられるよう になりました。ちょっと前までは専門用語の響きがした生態系も、 今や特に難しい言葉には聞こえません。

　そうしたなか、最近ではさらに一歩進んで、社会学的な意味合 いの ecosystem が登場するようになりました。

　2021年1月6日、トランプ氏支持者らによるアメリカ連邦議会議 事堂襲撃事件が発生しました。世界中が衝撃を受け、CNN ももは や遠慮はいらないとばかり、トランプ批判の舌鋒を一段と強めま した。専門家が次から次へと出てきて、インタビューに答えます。 そのなかで、あるゲストが、disinformation ecosystem が存在 すると言ったのです。とっさに浮かんだ私の訳は「誤情報のエコシ ステム」。でも、これでは聞いた人に"煙に巻かれた感"が残り ますね。

　ゲストの言わんとするところは、暴徒化したトランプ支持者は、 トランプ氏とその側近らが流す偽情報、陰謀説を信じていて、そ ういう情報しか入ってこない閉ざされた世界にいるということの ようでした。訳語としては、「偽情報の世界」で十分かと思います。

　後で調べてみると、disinformation ecosystem という言葉は すでに存在していて、ネット検索すると Understanding and

Addressing the Disinformation Ecosystem（偽情報の生態系への理解と対策）と題するワークショップが2017年にペンシルベニア大学で開かれていたこともわかりました。また、**ecosystem** と同義の **ecology**（エコロジー、生態学、生態系）を使った、***A Disinformation-Misinformation Ecology : The Case of Trump***（Thomas J. Froehlich 2020）（偽情報と誤報の生態系：トランプの場合）と題する論考もありました。なお、disinformation（偽情報、故意の誤報、デマ）と misinformation（誤報、誤伝）は微妙に違うので、これも要注意です。

そもそも「生態系」とは、ある地域に生息するすべての生物群集と、それを取り巻く環境をある閉じた系とみなすときの呼称だそうで、**disinformation ecosystem** は、偽情報や誤報に満ちた閉じた系ということになりそうです。正当な選挙にもかかわらず、不正だ、盗まれたと言い募るトランプ氏とその信奉者は、さしずめ閉じた系に生息する生物群集というわけで、**ecosystem** には痛烈な皮肉が込められています。

また、襲撃事件後のある日のCNNの番組 *Fareed Zakaria GPS*（『ファリード・ザカリアGPS』）でも **ecosystem** が出てきました。プレゼンターのザカリア氏は、トランプ氏に忠誠を誓う共和党員らは、**find a way to thrive by cultivating its own small intensive ecosystem, creating its own facts, theories, heroes. But that ecosystem is splintering. The Republican basis is shrinking.**（自分たちだけの小さな、濃密な世界を育み、独自の事実、理論、ヒーローを作り上げることで、繁栄の道を見いだしました。しかし、その［閉じた］世界は分裂し、共和党の基盤は縮小しています）と言ったのです。**ecosystem** の意味するところは、明らかですね。

さらに、そう言えば……と思い出したことがありました。イギリ

スの政治経済誌 *The Economist*（2019/9/14）の "The Tech Cold War"（テック冷戦）という記事に、**The world might regrettably still have two tech ecosystems, but the plan might nonetheless help defuse the tech cold war.**（残念ながら、世界にはまだ2つの［まったく異なる系を形成している］テック世界があるが、この計画はテック冷戦を解決するのに役立つかもしれない）という一節がありました。米中の巨大ITの対立で、それぞれが **ecosystem** を築いているというのです。最初に読んだときは正確なニュアンスがつかめませんでしたが、今は理解できます。

　このような敷衍した使い方の **ecosystem** が出てきたのは、環境問題がいかに日常化しているかの証左でもありますが、一方で、ジャーナリスティックで、trendy（今風）で、ある意味 "おしゃれ" な用法なのだとも思います。

ecosystem
生態系、（閉じた）系、（閉じた）世界、環境

ecology　エコロジー、生態学、生態系

ニュースによく出る言葉

global warming　地球温暖化
disinformation　偽情報、故意の誤報、デマ
misinformation　誤報、誤伝

28 The stakes are high.

"リスク高い"系です ②
政治編

　65ページのスポーツ編の **The stakes are high.** とは、場面ががらりと変わって、こちらは"リスク高い"系のアメリカ政治です。2020年の大統領選と同時に行われたジョージア州の上院選では、当選に必要な50%の得票率を超える候補がいなかったため、州法により、2021年1月6日に決選投票が行われました。ジョージア州は共和党の地盤ですが、民主党が猛追します。決選投票の2議席を民主党が取れば、上院の勢力図は民主党と共和党が50議席ずつとなり、過半数採決の場合は、上院議長となるカマラ・ハリス副大統領（民主党）が投票に加わるので、民主党が過半数を押さえられます。また、もし共和党が一議席でも死守できれば議席数は49対51となり、共和党が過半数を押さえられます。そのため、両党とも絶対に譲れない、極めて重要な選挙となりました。

　この頃、大統領選に敗れた共和党のトランプ氏は、選挙は不正だった、盗まれたと言って民主党のバイデン氏の勝利を阻もうとなりふり構わぬ様相でしたが、打つ手はどれも不調で追い込まれていました。それでも、トランプ氏はジョージア州の決選投票を前に支持者を鼓舞します。**The stakes in this election could not be higher. … We're gonna fight like hell.**（この選挙は絶対に取りこぼせません、死に物狂いで戦うのみです）。

　一方、同じ頃、民主党のオバマ元大統領もこれとまったく同じ表現を使ってツイートしていました。**Tomorrow is Election Day in Georgia and the stakes could not be higher.**（明日はジョージア州の選挙です。この選挙は絶対に取りこぼせません）。少し噛

み砕いて言い換えると、どちらも「何が何でも勝たなくてはならない。雌雄を決する、極めて重大な選挙だ」と訴えていて、トランプ氏はそれに「死に物狂いで戦う」を加えたのでした。

　この例は、負けたら大変だという意味で「リスクが高い」わけですが、今後のアメリカ政治の方向性が決まる重要な選挙を前に、これにすべてを賭けるというような意味が込められています。訳語の系列は、スポーツ編（65ページ）の例に近いですが、**The stakes could not be higher.** という文型が重大さを一段と強調しています。なお、選挙結果は、民主党が2議席とも取り、大統領選と上下院を民主党が制する triple blue（トリプルブルー。民主党のシンボルカラーが青のため）となりました。

　別の例をあげます。2020年7月に、ヨーロッパ（欧州）委員会のウルズラ・フォン・デア・ライエン委員長が、新型コロナ発生後の初の対面EU首脳会議を前にして、**The stakes couldn't be higher. If we do it right, we can overcome this crisis stronger.**（リスクは極めて高いでしょう。ですが、正しくやれば、これまでより強くなってこの危機を克服できます）と言いました。新型コロナ復興基金について話し合うための会議ですが、すでに事前協議は難航し、決裂の恐れもあるという局面だったので、こちらは「リスク高い」系の訳語がふさわしいと思われます。幸い、会議は5日間の交渉の末、合意にこぎつけました。

　残るは「一か八か」系の訳が適訳と思われるケースについてですが、日本語の「一か八か」のやけっぱちな語感を必要とする例は意外にも出あえず、多くが「リスク高い」系か「重大」系に集約されるというのが調べたなかでの実感です。

　The stakes are high. について、スポーツ編と政治編に分けて

使用例を見てきましたが、このフレーズの訳しにくさが改めて浮き彫りになったのではないかと思います。瞬時の反応を求められる同時通訳で、厳密な訳し分けができるわけでも、求められるわけでもありませんが、同じ言葉だからといって文脈に合わない訳をすれば意味が通じなくなります。このフレーズは、やはり訳出という点からも **high-stakes**（リスクの高い）な表現なのでした。

Key Words

The stakes are high.
リスクが高い、リスクが高くて結果が重大だ、賭け金が高い、（賭け・予測などが）一か八かだ

high-stakes 賭け金の高い、大きな賭けの、リスクの高い、一か八かの、リスクもリターンも大きい

ニュースによく出る言葉

triple blue トリプルブルー（民主党のシンボルカラーが青のため）
ちなみに、共和党のシンボルカラーは赤（red）。

29 **double down on**

倍にするのはわかりますが……

　アメリカのバイデン大統領は、2021年2月に、初の正式な外交政策に関する演説を行いました。ここで、数日前に起きたミャンマーの軍事クーデターについて触れ、Force cannot overrule the will of the people.（力が人々の意思より勝ることはありません）と強調しました。これを伝える BBC は、**He doubled down on his call for Myanmar's military to relinquish power and release the country's de-facto leader Aung San Suu Kyi and other officials who were detained in this week's coup.**（ミャンマー国軍に権力を放棄し、今週のクーデターで拘束した事実上の指導者であるアウン・サン・スー・チー氏や政府高官を解放するよう、強く訴えました）と報道しました。ミャンマー軍は2020年11月の選挙で、スー・チー氏率いる国民民主連盟 NLD（National League for Democracy）が大勝したことに危機感を覚え、選挙は不正だったとしてクーデターを起こしたのです。ツイッターやフェイスブックの接続が遮断されるなか、国民は素手で抗議デモを行っています。

　さて、このニュースで出てきた **double down on ～** というフレーズは、最近よく耳にするようになりましたが、最近過ぎるのか、手元にあった普通の英和辞典には載っていません。ネット検索で、「～に倍賭けする」という意味で、ギャンブルで負けるたびに賭け金を2倍に増やし、それまでの損をすべて取り戻す行為だと知りました。ここから、比喩的に、「リスクを伴う行動・活動・戦略などを強化する」という意味で使われるとのことです。また別のオンライン英英辞典（*Cambridge Dictionary*）では、主にアメリカで使わ

れ、to continue to do something in an even more determined way than before（以前より強い決意で何かをし続ける）との定義が出ていました。

　私がこのフレーズを最初に意識したのはCNNだったと思いますが、その後も何度か登場するので、意味は確認してありました。そのため、前述のバイデン発言のときは、わが意を得たりとばかりに訳しました。

　この他、たまたまメモしてあったCNNの番組での使用例をあげてみます。前任のトランプ大統領が2020年の大統領選について、The election is rigged and stolen.（選挙は不正で、盗まれました）と言い募り、これに共鳴した共和党議員や支持者らが **[They] are doubling down on a baseless claim.**（［　　］は補足）（根拠のない主張を強調して言い立てています）。別の例では、カマラ・ハリス副大統領のこれまでのキャリアを振り返る番組で、**Kamala Harris doubled down on the Caucus in Iowa.**（カマラ・ハリス氏はアイオワ州の党員集会［大統領選で党内指名を獲得するための集会］に精力を傾けて、取り組みました）。確かに、「リスクを伴う行動・活動・戦略などを強化する」にぴったり当てはまります。

　このフレーズでは、**double** という言葉から、何かを倍にすること、倍にする先がon だということは無理なく理解できますが、個人的には、ここに down があることが理解を妨げます。賭け事からきていると知れば、ポーカーなどで賭けチップをテーブルにバンと置くシーンを想像して down も納得できますが。こうした前提を知らずに、政治の硬派な文脈のなかでイメージするのは容易ではありません。

　バイデン大統領の外交演説に話を戻すと、大統領が最も強調し

たのはトランプ前政権からの転換で、America is back. America is back. Diplomacy is the center of our foreign policy.（アメリカが戻ってきました。アメリカは戻ってきたのです。外交が、我々の対外政策の中心に戻ってきました）ということでした。また世界で再びリーダーシップを取ると述べ、外交に投資をするのは、世界のためだからというだけではなく、We do it because it's in our own naked self-interest.（それが我々自身の明白な国益のためだからです）とも強調しました。ここで self-interest の形容詞として naked が組み合わされたところに、私は小さく感動しました。英語の collocation（連語。単語と単語のよく使われる自然な組み合わせ）を知るとともに、バイデン大統領の意図を感じたからです。トランプ氏の「自国第一主義」とは明確に一線を画すとしながらも、自国の生々しく、あからさまな国益を損なうことはしないと国民に訴えたかったのでしょう。たったひとつの形容詞であっても、バイデン大統領がトランプ支持者を強く意識しているように思えました。

▌policy chops は "政策のぶった切り" ではありません

さらに、外交演説に関連してもうひとつ。CNN が出している会員向けニュースレター *Meanwhile in America*（2021/2）で、**He's got more foreign policy chops than any new president in decades.** という文がありました。この **chops** とは何でしょうか。ぶった切る？ もちろん違います。外交政策に関して専門的知見があるという意味です。外交通とか外交の政策通なら、こなれた訳になるかと思います。ですから、ここの訳は、「バイデン氏は、過去数十年に大統領に就任した誰よりも、外交政策通の新大統領である」となります。ジャネット・イエレン氏が財務長官に指名され

たときも、**Yellen has the policy chops and political savvy.**（イエレン氏は政策通で、政治的な勘もある）と評されました。

　しかしながら、外交政策通と言われてきたバイデン大統領も、タリバンのアフガニスタン制圧によって、風当たりが強くなっています。緊張する米中関係も世界を不安にさせます。この後、バイデン大統領が真の **foreign policy chops** を発揮できるかどうか、アメリカも世界も注視しています。

double down on 〜
〜を強化する、強調する、倍賭けする

ニュースによく出る言葉

naked self-interest　明白な（あからさまな）国益
policy chops　政策通、政策に関する専門的知見
political savvy　政治的な勘・理解

30 straight from the shoulder

肩からまっすぐに……?

　2021年2月に、ウィスコンシン州ミルウォーキーでCNN主催の大統領市民集会（presidential town hall）が開かれました。大統領就任まもないバイデン氏にとって、この種の集会は初めてです。日本のような国では、首相が国民の質問に直接答える市民集会は想像できませんが、アメリカでは大統領と国民が直に触れ合う、こうした集会が時々開催されます。

　バイデン大統領は、新型コロナについて語るなかで、過剰な約束はしたくないと言い、集まった市民に、**I will always level with you. To use Franklin Roosevelt's example, I'll shoot to give it "straight from the shoulder" — straight from the shoulder what I know and what I don't know.** と語りかけました。level with you は、率直に言う、正直に言うとの意味ですが、日本人になじみがあるフレーズとは言えないかもしれません。次がルーズベルト大統領の引用で、引用が出てくると無意識に身構えます。自国民なら常識の名言でも、日本人通訳者にとっては知らない場合が大半です。しかも、名言・格言は言葉遊びがあったり、ひねりがあったり、韻を踏んでいたりするので、すぐに理解できないものが多い。ただ、このときは **straight from the shoulder** の意味は知りませんでしたが、前文の level with you と最後の部分の what I know and what I don't know（自分の知っていることと知らないこと）に助けられ、文意は理解できました。「フランクリン・ルーズベルト大統領も言われたように、知っていることも、知らないことも率直に申し上げます」と。

　ですが、かなりの中抜きです。調べてみると、このフレーズは、

ルーズベルト大統領の1942年の発言の中に入っていました。**The news is going to get worse and worse before it gets better and better, and the American people deserve to have it straight from the shoulder.**（ニュースは、しばらく悪い話が続いた後に、どんどん良くなっていきます。アメリカ国民は、ありのままの事実を知る権利があります）。

　この名言の前半は、〜 gets worse before it gets better という形で、これまでも幾度となく聞いたことがあります。「非常に悪くなってからでないと良くならない」、「良くなる前にはもっと悪くなる」との見通しを平易な言葉で語っているからでしょう。一般的な表現かと思ったら、根底にルーズベルト発言があったのですね。トランプ前大統領もコロナ禍について使ったことがありますし、楽観を許さない経済予測などでも使われます。

　では、問題の **straight from the shoulder** についてですが、ボクシングでパンチを繰り出すところからきているとのことで、率直に、ズバリと、単刀直入にという意味です。率直さは **straight**（ストレート）から想像できるので、**from the shoulder** が付くことで、かえって何か特別な意味があるのかと思ってしまいますが、由来を聞くと納得します。

　また、バイデン発言には、やや変形した形ながら **give it to you straight**（率直に、はっきりと、ありのまま言う、歯に衣着せぬ）というフレーズも入っていました。バイデン氏の頭のなかでは、率直さを強調するあまり、**give it to you straight** と **straight from the shoulder** が混ざったのかもしれません。バイデン大統領は他の場面でも、このフレーズを何度も使っているので、よほど率直に、ありのまま告げると言いたいのでしょう。前任のトランプ氏がコロナ禍を軽視し、大統領選に勝ったと言い続けるなど虚偽発言の多い人物だっただけに、違いを際立たせたいとの思いが、この言葉に

にじみ出ているような気がします。

■ 大統領の言葉の引用は通訳者泣かせ

それにしても、バイデン大統領に限らず、アメリカの大統領の演説では、過去の大統領の言葉が引用されることが多く、聖書の引用と並んで、通訳者泣かせです。バイデン氏の大統領選・勝利演説では、直接的引用はありませんでしたが、リンカーン、FDR（フランクリン・ルーズベルト）、JFK（ケネディ）、オバマ氏の業績が触れられていましたし、キング牧師（マーティン・ルーサー・キング・ジュニア）の言葉もさりげなく織り込まれていました。大統領就任演説でも、リンカーン、キング牧師に触れています（137ページ **It's never ever been a good bet to bet against America.** 参照）。つまり、大統領経験者（＋キング牧師）の主な業績や代表的な言葉は、知っていたほうがいいのです。そこまでは無理！　と思いますが、実際に出てくるので、後追いでも覚えていくしかありません。

通訳者としては、これまた課題を突き付けられることになりますが、一方で、ここにアメリカの政治文化の特色を見る思いがします。建国の歴史とそれを指導してきた大統領たちへの深い敬意があって、過去の大統領の業績や言葉を国民が共有し、受け入れていて、常にそこに立ち返り、現在を語り、未来を語っていく。こういう感度は、残念ながら日本にはまったくないでしょう。

では最後に、ここにあげられた指導者の特に有名と思われる名言——実際はあり過ぎるほどありますが——を紹介しておきましょう。

リンカーン：奴隷解放（emancipation proclamation：奴隷解放宣言/1863）を行いました。

Government of the people, by the people, for the people shall not perish from the earth. 「人民の、人民による、人民のための政治をこの世から消滅させてはなりません」

America will never be destroyed from the outside. If we falter and lose our freedoms, it will be because we destroyed ourselves.「アメリカが外部から破壊されることは決してないでしょう。ふらつき、自由を失うとしたら、それは我々が自らを破壊したからです」

　なお、この言葉は、分断が著しい現在のアメリカに対する警告として、しばしば引用されます。

ルーズベルト：セオドア・ルーズベルト大統領との区別が必要ですが、こちらはFDRとイニシャルで呼ばれることが多いです。1930年代の大恐慌（Great Depression）でニューディール政策を行い、アメリカを救いました。

The only thing we have to fear is fear itself.「唯一恐れるべきことは、恐れそのものです」

ジョン・F・ケネディ：JFKとイニシャルで呼ばれることが多く、暗殺された悲劇の大統領です。

My fellow Americans: ask not what your country can do for you — ask what you can do for your country.「アメリカ国民の皆さん、国が何をしてくれるかを問うのではなく、自分が国に何ができるかを問うてください」（大統領就任演説/1961）

We choose to go to the moon in this decade.「我々は今後10年の間に月に行くという選択をしました」

オバマ：黒人初の大統領です。

Yes, we can.「イエス、ウィキャン！　そうだ、できる！」

　2008年大統領選の選挙フレーズとして人口に膾炙（かいしゃ）しました。

We're not red states and blue states; we're all Americans.「我々は赤い州（共和党）でも青い州（民主党）でもありません。我々はみなアメリカ人なのです」

キング牧師：公民権運動の黒人指導者。暗殺されました。

1963年のI have a dream（私には夢がある）演説が有名です。この言葉の後に、次々と夢を語っていきます。なかでもよく引用されるのは、

I have a dream that one day on the red hills of Georgia, the sons of former slaves and the sons of former slave owners will be able to sit down together at the table of brotherhood.「私には夢があります。いつの日か、ジョージアの赤土の丘で、先祖が奴隷だったり、奴隷の主人だったりした者の息子たちが、同胞として同じテーブルに着くのです」

The arc of the moral universe is long, but it bends toward justice.「天空に描かれる道徳的な世界の弧は長いながらも、確実に正義に向かってたわめられています」

　この名言は文学的で含蓄があり、わかりやすいとは言えませんが、オバマ氏は大統領在任中に33回も引用。バイデン氏も引用しています。人種差別を撤廃していくプロセスを the arc of the moral universe ととらえ、それは長く時間がかかるものだが、確実に正義という正しい方向に向かっていると言っています。

Key Words

straight from the shoulder
率直に、ズバリと、単刀直入に

give it to you straight　率直に、はっきりと、ありのまま言う、歯に衣着せぬ

ニュースによく出る言葉

presidential town hall　大統領市民集会
〜 gets worse before it gets better　非常に悪くなってからでないと良くならない。良くなる前にはもっと悪くなる。

It's never ever been a good bet to bet against America.

バイデン大統領の施政方針演説 ①
アメリカに賭けるのは、いいこと? 悪いこと?

　バイデン大統領が、大統領就任100日(2021/4/29)を目前に、議会で施政方針演説を行いました。日本におけるCNNやBBCの海外メディアはもちろんのこと、NHKと民放各社が同時通訳付きで放映し、私もある民放テレビ局に入りました。日本では通常、1月20日の大統領就任式を全テレビ局が同時通訳付きで放映しますが、この年は局の対応がバラバラで、むしろ施政方針演説のほうに重きが置かれたような印象を受けました。

　演説は、**America is on the move again. We're leading the world again.**(アメリカは再び動き出しました。世界を再び主導します)との言葉に象徴されます。具体的には、まず、1.9兆ドルの経済対策を実現させ、新型コロナ対策ではワクチン接種が就任100日までに2.2億回まで進んだことです。さらに2兆ドル強をインフラなどに投資する雇用計画を掲げ、今回はまた、法人税と超富裕層への増税で子育てや教育支援に1.8兆ドルを充てる家族計画を示しました。低中間層に対する支援の姿勢を強調し、超党派の協力を求めています。このように次々と大型計画を打ち出し、「大きな政府」へと動き出した民主党政権に対し、「小さな政府」を標榜する共和党は反発を強めています。しかし、バイデン大統領は中国の影響力拡大に警戒感を示し、21世紀を勝ち抜くには、対中国で党派を超えた結束が必要だと訴えました。

　では、この演説を通じて、通訳が困難だった点を見ていきましょう。1時間を超える長い演説だったので、2回に分けて論じます。

何でもなさそうな導入部に厄介な要素あり

　まずは、最初の難所です。バイデン大統領は、議会上下両院の合同会議で、上院議長を兼務するハリス副大統領とペロシ下院議長の2人の女性が議長席に着くなか、この2人の女性を背に演説しました。冒頭に、女性への敬称である Madam（マダム）を使って、Madam Speaker, Madam Vice President（マダム・スピーカー、マダム・バイスプレジデント）と呼びかけ、**No president has ever said those words from this podium, and it's about time.**（この言葉をこの演壇で口にした大統領はこれまでいません。ようやくその時が来ました）と言いました。those words（この言葉）は、Madam のついた呼びかけを指します。

　ペロシ議長は女性として初めて下院議長に、またハリス副大統領は女性として初めて副大統領に就任した人なので、こんな言い方をしたのです。さらに言うなら、女性副大統領の夫であるダグ・エムホフ氏のことを、議場でセカンド・ジェントルマン（Second Gentleman）と呼ぶのも初めてのことでした。時代の変化を象徴する場面であり、言葉です。

　同時通訳は2人で担当し、冒頭の部分は私の担当ではありませんでしたが、一見何でもなさそうな導入部が実は厄介な要素を含んでいました。それは Madam Speaker, Madam Vice President という呼びかけにあります。「議長、副大統領」と訳して、何の問題もありません。しかし、その後に「この言葉を言った大統領はいない」と言われると、これまでに「議長、副大統領」と呼びかけた大統領がいないことになり、そんなはずはないということになります。バイデン大統領の意図するところを伝えるには、「ここで議長、副大統領と呼びかけるのに、マダムという敬称を使った大統領はこれまでいません」と言う必要があります。女性の敬称の Madam

に相当するものが日本語になく、通訳者は言葉を順に追っていくので、Madam に大きな意味があることは後からしかわかりません。同通中に、戻って説明をするわけにもいかず、気づいたときには時すでに遅し。いくら事前に女性の議長と女性の副大統領が並び立つことはわかっていても、意図が明確になるような形で訳出することは難しく、これは、やはり小さな難所でした。

▌語呂よい言葉ほど訳しにくい?!

次に、演説終わり近くに出てきたもうひとつの難所が、137ページの標題に掲げた一文です。**It's never ever been a good bet to bet against America, and it still isn't.** 韻を踏み、二重否定的な内容になっているので、いいのか悪いのかわからなくなってしまいます。英語ネイティブならすっと理解できるのでしょうが、英語の後発学習組としては、もう一度聞き直すなり、読み直すなりしないと理解できない類の文章です。

ただ、幸いにも、これと同じような表現に遭遇したのは、実は今回が3度目でした。ですから訳はできましたが、それでも焦りました。意味は、「アメリカに反する賭けをすることがいい賭けだったことはありませんし、今もそうです」となります。言い換えると、アメリカに低迷や不振・敗北はないと言っているのです。演説の締めにあたり、アメリカの現在と未来に対する自信と希望を伝えるところです。団結すれば21世紀の競争にも勝ち抜けると鼓舞します。そういう中での一文でした。

同じような文脈で、バイデン氏は2020年11月7日の大統領選の勝利演説でも、**It's always been a bad bet to bet against America.**（アメリカに反する賭けは、常に悪い賭けです）と言っています。今思うと二重否定的な文ではないので、こちらのほうが理解しやすいですが、それでもすっと頭に入ってきません。

なお蛇足ながら、今回の大統領選は、トランプ氏が敗北を認めなかったため、いつ勝利演説が出されるかわからず、election day（選挙日）ならず election week（選挙週間）となる異例の展開で、放送通訳者も"にわか特需"に大忙しとなりました。

　その後、この表現については、たまたま読んでいた *The Fate of the West* by Bill Emmott（『「西洋」の終わり』ビル・エモット著）のなかでも見つけました。投資の神様と言われるウォーレン・バフェット氏の株主向け書簡（2016）が引用されていて、**For 240 years it's been a terrible mistake to bet against America, and now is no time to start.**（240年の間、アメリカ経済が低迷するほうに賭けをすれば、ひどいミスとなりました。今そんなことを始める場合ではありません）と書かれていたのです。バフェット氏は投資家なので、「アメリカはどんなときも"買い"だ」と言いたいのでしょう。以後も何度もこのフレーズを使っています。2021年3月の株主向けの書簡でも **Never bet against America.**（アメリカに反する賭けはするな）と言っていました。

　このフレーズがバフェット氏のオリジナルかどうかはわかりませんが、影響力のある投資家の言葉なので、世の中に広める力になったでしょう。バイデン大統領も、私が見ただけでも重要な演説で2度も使ったのですから、相当のお気に入りと見られます。このフレーズは初めて聞くと難しいですが、一度覚えておけば次は大丈夫。やはり日々のフォローが大切なのですね。

　なお、今回の演説では、初めて聞くと難しいが、勝利演説で出てきたのでわかったというフレーズが他に2つありました。バイデン大統領が雇用計画や家族計画への超党派での支持を求めた場面です。そして、**Our greatest strength is the power of our example, not just the example of our power.**（我々の最大の強みは、模範になる力があるということで、単に力があることを示す

だけではありません）と言いました。訳としては、もっと簡単に「我々の最大の強みは、模範になれることで、単に力があることではありません」くらいのほうが、わかりやすいでしょう。さらに言うなら「率先垂範」なんて言葉が出てきたら、お見事です。英語の語呂よい言葉は耳に心地がいいですが、混乱しやすく、訳は大抵容易ではありません。なお、勝利演説では **We will lead not only by the example of our power, but by the power of our example.**（我々は力によって主導するだけではなく、模範となることによって主導するのです）と力強く述べていました。

また、大統領は人種差別撤廃のための警察改革法案の可決を訴え、**We have a giant opportunity to bend the arc of the moral universe towards justice.**（towards も toward も可）（我々は、天空に描かれる道徳的な世界の弧を正義に向かってたわめる大きな機会を手にしています）とも言いました。ここで、キング牧師の言葉（The arc of the moral universe is long, but it bends toward justice.）を再び登場させます（132ページ **straight from the shoulder** 参照）。こちらは奥深い意味を持った文学的な表現なので、予備知識なしに訳すのはかなり難しいです。

Key Words

It's never ever been a good bet to bet against America.
アメリカに反する賭けをすることがいい賭けだったことはありません。

Never bet against America. アメリカに反する賭けはするな。

ニュースによく出る言葉

Second Gentleman セカンド・ジェントルマン（女性副大統領の夫の呼称）
election day 選挙日　　election week 選挙週間

32 trickle down

バイデン大統領の施政方針演説 ②
富がしたたり落ちるトリクル・ダウン

　アメリカ大統領の演説を同時通訳する際、参考資料や原稿(ス
クリプト)は入手できるのかと聞かれることがあります。答えは一
様ではありません。ホワイトハウスは大統領の発言はすべて文字
にして公開します。徹底した情報公開の姿勢は見事です。ですが、
大抵は演説が終わってから公表されます。世界の主要な新聞やテ
レビ局は演説の前になんらかの情報を入手できるようですが、そ
もそもホワイトハウスの配信のタイミングが毎回異なりますし、メ
ディアによっても入手の時期はマチマチのようで、確かなことはわ
かりません。こんな言い方しかできないのは、自分がたまたま入っ
た放送局と他局を同時に比較できないからです。スクリプトは通
訳者にとって命綱ながら、私自身の経験では、30分くらい前に入
ることもあれば、始まる5分前のことも、始まってからのこともあ
ります。また、その情報の精度も、高いときとそうでないときがあ
り、さらには何の情報も入ってこないときもあります。何によって
そうなるのかは、わかりません。

　さらに歴代の大統領によっても違います。トランプ前大統領の
就任演説では、私はBBCに入っていましたが、原稿は最後まで来
ませんでした。私が関わったクリントン元大統領以来、就任演説
で情報ゼロは初めてです。トランプ氏がマスコミを軽視していた
からかと思いたくなります。ところが、このとき、ある民放に入っ
た同僚通訳者の話では、事前に原稿が入ってきたと思って必死に
読んだのに、始まったらまったく違っていたということでした。
"フェイク情報"なら無いほうがマシですね。

今回のバイデン大統領の施政方針演説については、私の入った局では、演説が始まってから7〜8分くらい後にスクリプトが届きました。私が訳しているときで、隣に人の気配がしましたが横を見る余裕がなく、軽く肩に触れられたので反応したら、案の定、一瞬注意が逸れて、「今、なんて言った？」状態になりました。スクリプトはRemarks as Prepared for Delivery by President Biden — Address to a Joint Session of Congress（バイデン大統領スピーチ準備原稿—上下両院合同会議での演説）と題したものでした。事前の打ち合わせ通り、パートナー通訳者が訳している間に、先を見ていきますが、時間との闘いです。スクリプトが届いてよかったと思ったのも束の間、あまりのアドリブ（go off script）の多さに戸惑いました。なんとか迷子にならないように、耳と目をフル回転させて、追っかけていくしかありません。

　なお、バイデン大統領は、若い頃は吃音だったとのことですし、今は高齢なので、ゆっくり話すようなイメージがあるかもしれませんが、実は話すスピードがものすごく速い。発音も滑るようなところがあって、通訳者としてはかなり苦しいです。

　こうした状況のなかで、この項目では言葉そのものの難しさというより、コンセプトが難しい表現を2つ紹介したいと思います。

▎1. trickle down　トリクル・ダウン

　これは、したたり落ちるという原義の経済用語です。経済理論としては、富める者が富めば、貧しい者にも自然に富が浸透していき、経済全体がよくなるという考え方で、背景には、国家による福祉・公共サービスの縮小と規制緩和・市場原理主義を重視する新自由主義（neo liberalism：ネオリベ）思想があります。イギリスのサッチャー元首相のサッチャーリズムやアメリカ共和党のレー

ガン元大統領のレーガノミクス、トランプ前大統領による法人税の減税などが、代表的な例です。日本のアベノミクスもそうとらえる見方があります。アメリカ民主党は、伝統的にこうした政策には抵抗してきましたが、80年代以降の政治経済の思潮はネオリベが支配的でした。

　しかし、バイデン大統領は、ここにきて、貧富の格差が広がった現状──大手企業のCEO（最高経営責任者）と平均的な従業員の賃金格差が320倍にも拡大──を指摘し、**trickle down** を明確に否定したのです。これは、長年のネオリベの流れに楔を打ち込む、大きな転換といえます。

　My fellow Americans, trickle-down — trickle-down economics has never worked, and it's time to grow the economy from the bottom and the middle out.（国民の皆さん、トリクル・ダウン経済がうまくいったことはありません。今こそ、下から、中間層からの経済発展を進めるべきです）。**trickle down** はカタカナで定着した経済用語なので、そのまま「トリクル・ダウン」を使えますが、私はそれだけでは不十分な気がして、慌てて「富裕層から富が下方にしたたり落ちる」という説明を加えました。尺もきつくなりますし、通訳者がそこまでやる必要はないかもしれませんが、バイデン大統領の強調したい思いに突き動かされて、付け足した気がします。

　また、ここでもうひとつ注目したいのは、the middle out です。middle-out economics という経済用語があることを、後で知りました。**trickle-down economics** と対比されます。中間層の購買力こそ雇用創出や経済成長に必要であり、中間層から経済成長を始め、それを他の層に拡大していくという考え方です。out に他の層への拡大の意味が込められているのです。通訳中に、なぜout

がつくのだろうという疑問が一瞬脳裏をかすめました。さらにbottom-up economics（ボトムアップ経済、底上げ経済）という用語もありますが、こちらは専門用語の扱いはしなくとも、理解できる言葉だと思います。

バイデン大統領は、トランプ氏の支持基盤である白人労働者層（＝社会経済的な地位が低下した中間層）を大変意識していて、格差について触れたところでも、working and middle class Americans（勤労者および中間層のアメリカ人）という言い方をしています。「中間層」というのは、大きな贅沢はできないまでも生活には困らない、やや上のイメージさえする層の人たちですが、この層の没落がアメリカ社会全体の問題となっています。日本でも、1970年代の一億総中流意識は、実態としては過去のものとなりました。「中間」とか「中流」の位置づけが、どこの国でも難しくなっているのです。

2. America is an idea. アメリカはアイディアです？

コンセプトという点から気になった2つ目の表現は、**America is an idea, the most unique idea in history.** です。アメリカはアイディアだとはどういうことでしょうか。ここはスクリプトの文字情報があったにもかかわらず、私のなかでは「ideaで意味が通じるのか。ideal（理想）とすべきところをideaと間違ったのではないか。音もそのように聞こえた気がする」という思考経路を経て、アメリカは理想の国です、歴史上最もユニークな国ですと訳してしまいました。でも、なんだか落ち着きません。この後は、**We are created, all of us, equal. It's who we are, and we cannot walk away from that principle. And, in fact, say "we're dealing with the American idea."**（我々はすべて平等に作られたのです。それこそが、我々のアイデンティティであり、この原則

を放棄することはできません。事実、「我々はアメリカの理念に取り組んでいる」と言えます)と続きます。ここで、**idea** が「万人の平等」という理念を示すことがわかります。**America is an idea.** は、「アメリカは理念の国です」と訳すべきでした。

文章はシンプルでも、意味するところが深いのです。前後に中国とロシアについて述べているので、強権的・専制的な国家に対して、アメリカはどういう国なのかということを強調したかったのでしょう。また、「アメリカの理念に取り組んでいる」という最後の一文は抽象的ですが、Black Lives Matter（黒人の命は大切だ）運動に揺れたアメリカが、人種問題と格闘していることを示唆するものと思われます。

America is an idea. は、バイデン氏にとって重要なコンセプトのようで、2019年4月25日の大統領選への立候補表明のときにも使いました。加えて、**We haven't lived up to these ideals.**（我々は必ずしもこの理想に従って生きているわけではありません）とも言っていて、理念を理想に置き換えた使い方もしています。

また、ミュージシャンで活動家のボノもこの言葉を使ってスピーチをしました。2012年にジョージタウン大学で講演をした際、**Keeping faith with the idea of America, because America is an idea, isn't it?**（アメリカの理念を守っているのです。アメリカは理念の国ですからね）と語りました。別のところでも、**America is an idea.** と言った後に、70年代のベトナム戦争時には **People felt it was the end of America as this, kind of, idealistic idea.**（人々は、このような、まあ理想的な理念としてのアメリカが終わったと感じたのです／2016）と発言していました。こうした発言から、万人の平等というアメリカの理念は、理想でもあるということがわかり、私の最初の「誤訳」もあながち間違いとは言えないかもと思い、若干救われました。

それにしても、議会の演説で、こういうことが語られることに敬意を払いたい。アメリカが理念によって作られた国であることを改めて認識させられますし、指導者はそれを繰り返し国民に伝えていくのですから。演説の最後のほうでも、憲法が We the people（我ら人民は）で始まることの意義を強調していました。

　かくして、通訳上の困難さは毎回異なるものの、今回も大統領の演説は学びが詰まっていたのでした。

trickle down
トリクル・ダウン、したたり落ちる

trickle-down economics　トリクル・ダウン経済（形容詞的に用いるときはハイフンをつける）

ニュースによく出る言葉

go off script　アドリブで話す
neo liberalism　新自由主義、ネオリベ
middle-out economics　ミドルアウト経済
bottom-up economics　ボトムアップ経済、底上げ経済
working and middle class Americans　勤労者および中間層のアメリカ人
America is an idea.　アメリカは理念の国です。
We the people　我ら人民は

33 the last person in the room

最も〜しそうもない人と習った!

高校時代の受験勉強までさかのぼります。このとき、**the last person to do** が「〜する最後の人」ではなく、もう一歩進んで「最も〜しそうもない人」という意味に転じると知りました。大変驚き、英語ってなんて不思議な発想をするんだろうと思った覚えがあります。以来、私のなかでは **the last person (thing)** ＝最も〜しそうもない人（こと）が定着したのでした。

バイデン大統領が大統領就任100日目を迎えるにあたり、カマラ・ハリス副大統領がCNNのインタビューで政権について語りました。アメリカでは、ハネムーン（蜜月）と言われる100日が終わると、政権への見方が厳しくなります。ハリス副大統領についても、「初の女性、黒人、南アジア系（the first woman, Black, South Asian）」の形容詞が取れ、副大統領としての力が問われるようになります。

ハリス氏は、バイデン大統領がアフガニスタンからの米軍撤収を決断するときに（2021/4）、自分がどういう立場だったかということを、次のように述べました。**I was the last person in the room when Biden made the decision to pull all US troops out of Afghanistan.** 通訳に入っていた私は、**the last person** のところで判断に迷いました。おそらく、信頼関係があるということを言おうとしているに違いないのですが、私の頭のなかには「**the last person** は否定的」という刷り込みがあります。しかし、何を否定するのかよくわかりませんし、否定形が適合しなさそうにも見えます。うっと詰まった後に、「最後まで大統領を支持しました」というようなことを言って、お茶を濁しました。しかし、その場合、

他の人がみんな反対したが、自分は最後まで支えたという感じになり、他の人が反対したことが前提になります。現実はどうだったかわかりませんが、それでは政権が一枚岩ではなく、大統領の指導力が弱いと言っているようなもので、ハリス氏がここでそんなことを口にするはずありません。

　では、一体どういう意味なのでしょうか。1) バイデン氏が決断するときは、信頼の証として、逆に最後まで反対意見を言う役割を担っている。これは否定的なニュアンスを出したくて、無理に考え出した解釈です。2) 自分が最後に賛成しないと大統領は決断しない。それでは副大統領が偉すぎます。3) バイデン氏が決断するときは最後に自分に相談する。これは合っていそうですが、これも大統領の決断力に疑問符がつきかねません。これらはみな、後で考えたことですが、どれも腑に落ちません。

　調べても、なかなか納得できる解に出あえなかったのですが、それでも徐々にわかってきました。まず、ハリス副大統領は、バイデン大統領から重要な意思決定をするときは、**the last person (voice) in the room** になってほしいと当初から言われていたということ。バイデン氏自身も、オバマ政権で副大統領を務めたときにはオバマ氏に対して **the last person in the room** だったということ。バイデン氏自ら、**I was "the last person in the room on every major decision" Obama made.**（*RealClearPolitics* 2015/10/20）と言っています。意味は、「私はオバマの行った大きな決断のすべてについて、最後に意見を求められる、最も信頼される立場にありました」といったところでしょうか。そのため、バイデン大統領は、オバマ氏とのような関係を、ハリス氏との間でも築きたいと考えているのです。ですから、ハリス氏が移民担当になりながら、不法移民が急増する南部国境をすぐに訪問しないと批判されたときも、バイデン氏は **She was the last voice in the**

room.（2021/4/12）とツイッターに投稿して、ハリス氏を擁護しました。

　つまり **the last person (voice) in the room** は、文字通りは「部屋の最後の人（声）」ということですが、実際は、側近のみんなが部屋から出て行っても、最後まで部屋に残って、反対意見を含め率直に意見を言う人であり、大統領が最も頼りにし、重大事の決断の直前に意見を聞きたい人という含意のある言葉なのです。一言で言うなら、重要な相談役（相手）ということでしょう。

　ただ、last の用法が厄介なのは、例えば **She is the last person I would trust.** と言ったら、高校時代に覚えた用法通り、「彼女は私がもっとも信頼できない人間だ」となって意味が真逆になるところです。文法書には **the last person** の後に、to do、that 節、wh 節がくると、最も〜しそうでない、最も不適当なという否定的意味になるとの説明がありますが、一方で、**He was the last to come.** は、last が名詞で使われていて、彼は最後にやってきたという意味になります。形だけでは判断できません。

　このあたりの last の用法は微妙で、英語ネイティブでも奇妙だと言っていたので、私が混乱しても致し方ないかと思いつつ、一見すると簡単な単語で、文脈も複雑ではないのに、自分のちょっとした知識が逆に理解を阻み、迷いを生じさせた例となりました。

　なお、インタビューではこの後、ハリス副大統領がバイデン大統領について、[Biden] is acutely aware that it may not be politically popular, or advantageous for him personally; it's really something to see.（[　]は補足）（[バイデン大統領は]それが政治的に不人気で、個人的にも不利益になるかもしれないと、よくわかっています。そこを本当に見てほしい）と言い、さらに I have seen him over and over again make decisions based

exactly on what he believes is right.（何度も何度も決断すると
ころを見てきました。大統領は自分が正しいと信じることに基づ
いて決断します）と述べて、バイデン氏をたたえました。あまりに
ストレートなほめ方に少々面食らいますが、両者の関係は"蜜月"
との印象を受けました。

▌ 深読みしすぎて取り違えることも

　さて、ハリス副大統領の **the last person in the room** を調べ
るうちに、もうひとつ、ちょっとした知識が理解を妨げた例に出く
わしました。ハリス氏のことをある評者が描写します（*Times of
Israel* 2021/1/18）。She's no shrinking violet.（彼女は、恥ずか
しがり屋なんかではありません）。意見が合わなければ、She's
gonna weigh in and give her thoughts and opinions.（割って入
り、自分の考えや意見を述べます）。副大統領になるくらいですか
ら、当然、黙ってなんかいないでしょう。

　violet はスミレの花で、謙譲、貞操、薄命の象徴とされていて、
これが shrinking（縮む、尻込みする）しているので、shrinking
violet は、恥ずかしがり屋、内気な人、控えめな人という意味にな
ります。ですから、no shrinking violet は、恥ずかしがり屋・引っ
込み思案などではまったくないということです。

　ところが、この表現を見た瞬間に私が連想したのは、ハリス副
大統領が大統領就任式に着た紫色の服のことでした。このとき、
式典に参加した女性陣の多くが、アメリカの分断を終わらせるべ
く、赤（共和党のシンボルカラー）と青（民主党のシンボルカラー）
を混ぜ合わせた紫色の服を身に着けていました。なので、no
shrinking violet は、超党派の精神や融和を象徴する"紫"を縮小
させるようなことを、ハリス氏はしないという意味だと解釈したの
です。しかし、これは間違いでした。文字通りに受け止めて、「恥

ずかしがり屋なんかではない」が正しく、後の文章の weigh in on
〜（〜に関わる、割って入る、言葉をはさむ）とのつながりもスムー
ズです。

　というわけで、こちらも深読みが間違った解釈につながった例
となってしまいました。通訳中でなくてよかった！

the last person in the room
相談役、最後に意見を求められる人、最も頼りになる人

the last person (thing) 最も〜しそうもない人（こと）

ニュースによく出る言葉

the first woman, Black, South Asian　初の女性、黒人、南アジア系
violet　スミレの花
shrinking　縮む、尻込みする
shrinking violet　恥ずかしがり屋、内気な人、控えめな人
no shrinking violet　恥ずかしがり屋・引っ込み思案ということはまったくない
weigh in on 〜　〜に関わる、割って入る、言葉をはさむ

34 trumpify と de-trumpify

まだまだ続くトランプの影響?

アメリカのジョージ・W・ブッシュ元大統領の下で副大統領を務めたディック・チェイニー氏の娘リズ・チェイニー下院議員に、あるとき注目が集まりました。共和党指導部のメンバーでありながら、2020年の大統領選で勝利したと言い募るトランプ前大統領を一貫して拒否し、2021年5月にとうとう下院の共和党会議議長(ナンバー3のポスト)を解任されてしまったからです。チェイニー議員は、1月に起きた連邦議会議事堂襲撃事件に関しても、民主党が提出したトランプ大統領の弾劾決議案に賛成しました。

チェイニー解任について、CNN の *Fareed Zakaria GPS*(『ファリード・ザカリア GPS』)では、ザカリア氏が **The Republican party's decision, in effect, to excommunicate Liz Cheney is a watershed event.**(共和党によるリズ・チェイニー解任の決定は、分岐点となる出来事です)と述べました(2021/5)。**excommunicate** の ex- は、〜から外へという接頭語で、**excommunicate** は、**put out of the community**(コミュニティーの外に置く)という意味で、ここでは「解任する」となりますが、宗教用語としては教会・宗派から「破門・除名する」という意味になります。**communicate** には、いわゆるコミュニケーションを取るという意味の他に、キリスト教の聖餐式に参加する、聖体を拝領するという意味もあります。いずれにしろ、**excommunicate** は一般的にあまりなじみのない言葉でしょう。

私も、あるエピソードがなければ、文脈から訳を想像することはできても、この言葉を見たことがあるかどうかもわからず、訳せなかったと思います。そのエピソードとは、以前に辞書の制作会

社で編集の仕事をしていたときのことです。ラテン語などの語源チェックの担当者がカトリックの元司祭で、生涯独身を誓いながらもイギリス人修道女と恋をして結婚し、教会から破門されるという、なんとも劇的な人生を送ってきた方でした。その人がこの言葉をチェックした欄外に、「これは私のこと」というメモを残していたのです。それを見たときの小さな衝撃。言葉がリアルに使われる瞬間に遭遇して、**excommunicate** は私のなかでしかと定着したのでした。

　ザカリア氏は、チェイニー解任を決定した共和党について、the transformation of the party from an ideologically driven enterprise to one that is tribal, marked less by ideas and more by group loyalty（イデオロギー主体の組織から、理念よりグループへの忠誠心を重視する部族組織に変貌）と分析しています。ですから、ザカリア氏が **excommunicate** を使ったのは、これが単なる解任ではなく、今やトランプ教とも言える **Trumpism**（トランプ主義）が蔓延する共和党からの事実上の「破門」であると見たからではないでしょうか。

　また、*The Economist* のニュースレター "Checks and Balance"（2021/5/15）でこの問題が取り上げられたときも、面白い表現が使われていました。'Where will Liz Cheney be in 2028?'（2028年、リズ・チェイニーはどこに？）と題する記事のなかで、リズ・チェイニーの解任を defenestration of Liz Cheney from her leadership position と評していたのです。defenestration は fenêtre というフランス語の「窓」からできた言葉で、窓から外へ放り出すことという意味です。私は、若干のフランス語の知識から訳語を類推できましたが、それにしても、窓から放り投げるとは強烈です。

　チェイニー氏の後任にはエリス・ステファニク下院議員が選出

されました。ステファニク氏はチェイニー氏に比べ、投票行動では保守色が薄いものの、トランプ氏の熱烈な擁護者であることが買われました。トランプ氏の影響力がうかがえます。同様の事例は他にもあります。2021年5月にはトランプ氏が扇動したと見られる議事堂襲撃事件に関する超党派の独立調査委員会の設置が見送られたのです。この法案は、下院は通過したものの、上院では賛成54、反対35となり、設置に必要な賛成60票を集めることができませんでした。そのため、民主党は下院に特別調査委員会を設置。チェイニー氏もメンバーとして参加しました。

▌トランプ氏から作られた言葉

なぜ、共和党はそこまでトランプ氏に固執するのでしょうか。背景には、トランプ支持者の存在があります。2021年5月の時点でも、共和党支持者の53％（ロイター＆イプソス世論調査）が、2020年の大統領選の勝者はトランプ氏だと信じているというのです。トランプ氏が2024年の大統領選に再び立候補する可能性も見え隠れすることから、共和党は反トランプ的な行動が取れなくなっていると見られます。共和党はこの点で一致しています。これを前述の *The Economist* では、**The party is all-in on Trumpism.**（党はトランプ主義を全面的に支持している）と表現していました。

思えば、強烈な個性のトランプ氏とその政権スタイルに関しては、**Trumpism** だけでなく、いろいろな言葉が作られました。トランプ氏の影響力を強める **trumpify**、これをそぐという意味の **de-trumpify**、トランプ支持者を表す MAGA（Make America Great Again：アメリカを再び偉大に）という言葉もあります。支持者がかぶる帽子は MAGA hat で、MAGA hatted legion（MAGA帽子をかぶったトランプ支持軍団）、MAGA movement（トラン

プ支持運動）などなど。こうした言葉は、当分、すたれることはなさそうです。

　しかし、一方で、解任前の演説で、トランプ氏を批判し、保守主義と法治の原則を堅持すると言い切ったチェイニー氏の堂々たる態度は、トランプ化した共和党ではなく、保守本来の姿を取り戻したいと願う人たちを惹きつけました。聞く人のいない、ほぼ空っぽの議場で、チェイニー氏は訴えました。

We must speak the truth. Our election was not stolen. And America has not failed.（我々は真実を語らなければなりません。選挙は盗まれていません。アメリカは失敗などしていません）。Remaining silent and ignoring the lie emboldens the liar.（沈黙し続け、うそを無視すれば、うそつきが勢いづきます）。I am a conservative Republican, and the most conservative of conservative principles is reverence for the rule of law. The election is over. That is the rule of law. That is our constitutional process. Those who refuse to accept the rulings of our courts are at war with the Constitution.（私は保守派の共和党員です。保守の中の保守といえる原則は、法による秩序を崇敬することです。選挙は終わりました。あれは法治です。憲法によるプロセスなのです。裁判所の裁定を拒絶する人たちは、憲法と戦っていることになります）。

　私自身、"ドス"のきいたチェイニー氏の演説はカッコよく、将来かなり有望との印象を受けました。すると、前述の *The Economist* の記事でも同じように思う人がいて、次の次の大統領選が行われる2028年に、政治家チェイニーが浮上しているか、埋もれているか、同僚と賭けをすることにしたと書かれていました。

　リズ・チェイニー氏の父である元副大統領は、2018年の映画 *Vice*（『バイス』アダム・マッケイ監督）では、莫大な利権を手に

ジョージ・W・ブッシュ大統領（当時）をも操る"アメリカ史上最強で最凶の副大統領"として描かれています。娘は父親とは違うのでしょうか。一連の出来事を見る限り、気骨のある正統保守の政治家のように見受けられます。ひょっとして、父親とは違った政治スタイルで、父親の果たせなかった大統領への夢を娘がかなえることになるやもしれず、目が離せません。

　いずれにしろ、2022年の中間選挙、さらには次の大統領選に向けて、民主党と共和党の激しい攻防はすでに始まっています。

Key Words

trumpify
トランプ氏の影響力を強める、トランプ化させる

de-trumpify
トランプ氏の影響力をそぐ

Trumpism　トランプ主義

ニュースによく出る言葉

excommunicate　解任する、［宗教用語］教会・宗派から破門・除名する

communicate　コミュニケーションを取る、キリスト教の聖餐式（せいさん）に参加する、聖体を拝領する

defenestration　窓から外へ放り出すこと、解任

MAGA (Make America Great Again：アメリカを再び偉大に)　トランプ支持者

MAGA hat　トランプ支持者がかぶる帽子

MAGA hatted legion　MAGA帽子をかぶったトランプ支持軍団

MAGA movement　トランプ支持・復活運動

Column
ちょっと息抜き

04 ヤバイっす

　若者の言葉の乱れ、貧困な語彙。こういうことはいつの世でも言われてきたことです。ですが、「ヤバイ」を「格好いい」や「すごい」といった賞賛の意味で使っているのを聞いたときは、やはり驚きました。「それってヤバイっす」と言われても、これだけでは、まずいことなのか、いいことなのかわかりません。かつて、故小渕恵三首相の語彙力を揶揄して「ボキャ貧」という言葉がはやりましたが、その小渕氏でさえ、いいも悪いも一緒の「ヤバイっす」を聞いたら、そのボキャ貧ぶりに、驚き、あきれるかもしれません。

　困ったときに若者がヤバイを常用するようになってから、どのくらいたつのでしょうか。「ヤバイ」は、厄介なことが起きたり、まずい状況になったりしたときに、危ない、不都合な、の意味で使われます。これはもうすっかり定着していますね。調べてみると、もとは、ヤバイはテキヤや盗人などの隠語として使われていて、ヤバは江戸時代には厄場（やば）といい、犯罪者を収容するところでした。官憲の追及にあって身の危険を感じたときに使ったそうです。それにイをつけて形容詞化したのがヤバイです（※1）。身近にいる学生に聞

いてみると、感動した場面でももちろん使いますが、さらに、語形を変化させたヤバメ、ヤバサ、ヤバミ（これは名詞！）なども使うんだそうです。う〜ん。こうなると、自分はつくづく前世代の人間に思えてきます。

　ところが、少し前になりますが、The Economist（2018/12/8-14）のジョージ・H・W・ブッシュ（通称パパ・ブッシュ）元大統領の死亡記事を読んでいたら、小見出しが Doing his darnedest であることに目が留まりました。darnedest は darned（形容詞）の最上級で、ここでは最高、最大、すばらしいという意味になり、doing his best（最大限の努力をする）と同義です。ランダムハウス英和辞典では、darned は（形容詞）しゃくにさわる、途方もない、いまいましいと定義されていて、damned の婉曲表現と説明されていました。つまり、マイナスの意味合いをもった darned という言葉が最上級の形を取ると、一気にプラスに転じるのです。ちなみに damned のほうも同様で、do one's damnedest で、精いっぱいやる、最善を尽くすとなります。

　ここには、「やばい」を「すばらしい」とする日本の若者語と共通する感覚・発想があるのがわかります。つまり、強い感情や極端な状況を表す表現は、プラスでもマイナスでも「究極」という点で共通しているので、同じ短い言葉でカバーできるのです。なるほど、そういうことか。なんだか大発見したような気になって、ヤバイにも darnedest、damnedest に

も急に親しみを覚えました。

　これで思い出すのは、戦後日本を代表する政治学者の丸山眞男が「極左と極右は相通ずる」と言ったことです。対極にあったイデオロギーでさえ、極限までいくと相通ずると言っているのです。これについて論評せよというのが、丸山眞男が教える東京大学の政治学の期末試験（1961）の問題だった（※2）というのですから、さすが東大、レベルが高い。当時の学生にとって、この問題が単位を取るのに「ヤバイっす」だったかどうかはわかりませんが。

　死亡記事に戻ると、若い頃のブッシュ氏は筆まめで、後に夫人となるバーバラさんにぞっこんで、so darn attractive（超・カワイイ）と評しています。darn は、超、めっちゃ、すげぇ、くそっというような意味です。確かに、このほうが very attractive（とても魅力的）などと言うより、魅力的な女性にすっかり参っている若者の気持ちが伝わってきます。

　「ヤバイっす」から始まり、こんなふうにあれこれ見ていくと、言語の違いを超えて存在する人間の感情とその表現の普遍性・共通性が垣間見えるようです。この小さな発見は、Darned cool!　本当に「ヤバイ」のでした。

※1　堀井令以知『ことばの由来』岩波新書（2005）
※2　丸山眞男『丸山眞男講義録3』東京大学出版会（1998）

経済ニュースで
出あった言葉

35 hot on the heels of 〜

踵（かかと）の上が熱い？

　民泊仲介大手のエアビーアンドビー（Airbnb）は、空き家・空き部屋を貸したい人（ホスト）と、そこに宿泊したい旅行者（ゲスト）をアプリで結びつける民泊サービスです。アメリカの大卒間もない若者が2008年に立ち上げました。企業家精神に満ちたアメリカならではのスタートアップです。このサービスは、旅行者にとっても安価な旅行が可能になるので、またたく間に世界に広がりました。日本でも、2014年に日本法人が設立。2020年の東京オリンピック・パラリンピックを前に、民泊を始める人が急増し、エアビーアンドビーへの期待も大いに膨らみました。

　ところが、2020年の新型コロナウイルスの感染拡大で事態は一変します。東京オリ・パラも延期。観光業界・おもてなし業界は大打撃を受けて、民泊どころではなくなりました。しかし、このまま負けているわけにはいきません。世界がワクチン開発に邁進した結果、2020年12月には、ワクチン（ファイザー/ビオンテック製、アストラゼネカ/オックスフォード製、モデルナ製）の緊急使用がイギリス、アメリカで認められました。

　こうしたなか、時期を狙い定めたかのように、2020年12月10日、エアビーアンドビーが米ナスダック市場に上場しました。投資家の買い注文が殺到し、初日の時価総額は865億ドルとなりました。人々の「もう巣ごもりはうんざり、少しでも外に出たい」という思いが、こんな形で表れたのでしょうか。しかも、その前日の12月9日には、料理宅配ビジネスのドアダッシュ（DoorDash）がニューヨーク証券取引所に上場し、こちらも鮮烈な市場デビューを果たしました（時価総額602億ドル）。新型コロナによる巣ごもり消費

が追い風となったのです。かくして、アメリカのIPOは活況を呈し、BBCのビジネスニュースは、こんなふうに伝えました。**Airbnb comes hot on the heels of another red-hot IPO. That was DoorDash a day earlier.**

ですが、通訳に入っていた私の頭の中は**hot**と**red**でいっぱいで、「熱い」と「赤い」が駆け巡り、**heels**の熟語ってなんだっけ、と意味をとらえられません。ドアダッシュの上場も知りませんでした。固有名詞は鬼門です。取りあえず、「エアビーアンドビーの取引は好調でした」と言って、この場をしのぎました。情報としては間違っていませんが、これでは訳とは言えません。

on the heels of ~は、~に続いてという意味です。**heels**を「踵」とだけ思っていると意味が取れませんが、~が踵を蹴っていく、その踵の跡を追っていくというイメージで、「~に続いて」となるのでしょう。思えば、日本語でも、物事が間を置かずに起きることを、「踵（きびす・くびす）を接する」と言います。よく聞く表現とは言えないかもしれませんが、「データ流出事件が踵を接するように起きた」などと言います。ついで、踵を返す（＝引き返す）も、**turn on one's heel(s)**という表現があり、英語と日本語で同じ発想があるんですね。さらに今回は、**on the heels of ~**を強調しているのが、hotです。熱くてやけどしそうで、大急ぎで跳んでいくみたいなイメージでしょうか。

というわけで、前述の英文の訳は、「エアビーアンドビーは、前日に絶好調で上場したもうひとつの企業——ドアダッシュに続く上場となりました」となります。

Airbnbは、未上場（unlisted company）の成長企業「ユニコーン（unicorn）」の代表格でした。IPOとはinitial public offering（新規株式公開）のことで、少数株主（minority shareholders）に限定されている未上場会社の株式（share, stock）を証券取引所（Stock

Exchange)に上場する（list）ことです。エアビーアンドビーの設定した株の売り出し価格・公開価格（offering price）は、68ドルでしたが、上場初値（opening price）はこれをはるかに上回る146ドルをつけ、時価総額（market capitalization）も巨大な額となりました。

　放送通訳では、経済ニュースが普通に入ってくるので、基礎的な知識と用語が必須ですが、難しそうで、とっつきにくい。ともかく「出てきたときに覚える」しかありません。

　また、ドアダッシュについては、前日の上場を知っていれば、**on the heels of ～** の意味が思い浮かばなくても、想像力を働かせることができたでしょう。このあたりは、情報・知識が通訳を決めるということを改めて思い起こさせてくれる事例でした。

Key Words

hot on the heels of ～
～に続いて

turn on one's heel(s)　踵（きびす）を返す（＝引き返す）

ニュースによく出る言葉

unlisted company　未上場
unicorn　ユニコーン（未上場の成長企業）
IPO = initial public offering　新規株式公開
minority shareholders　少数株主
share, stock　株式
Stock Exchange　証券取引所
list　上場する
offering price　株の売り出し価格・公開価格
opening price　上場初値
market capitalization　時価総額

36 Tesla parks in the S&P 500.

テスラがS&Pに"上場"した?

　イーロン・マスク氏率いる電気自動車（electric vehicles）会社の
テスラ（Tesla）が、2020年12月21日にアメリカのS&P 500の構成
銘柄に加わりました。BBCのアジア・ビジネス・レポートで、これ
を伝える最初の言葉が、**Tesla parks in the S&P 500.** でした。
parkという言葉には少々引っかかりましたが、そのすぐ後の説明
で、**It joins the S&P 500.**（S&P 500に参加しました）とも言って
いるので、内容的には問題ないと思い、「テスラがS&P 500に上場
しました」と訳しました。ただ、**park** を動詞で使うとしたら、まず
思い浮かぶのは「駐車する」で、ここには合いません。ひょっとし
て、**park** には上場するという語義があるのかもしれない、あるい
はマスコミが使う新しいシャレた表現なのかもしれないと思いま
した。

　BBCでは、この後、ゲストがテスラの急成長について解説しま
した。電池技術に傑出しているので、電気自動車の分野では
tremendous comparative advantage（大変な比較優位）がある
というのです。テスラは日本のパナソニックと長年協力関係にあり
ますし、最近では、中国の企業との関係も強化しています。マス
ク氏は、宇宙ビジネスのスペースX（SpaceX）を率いて、民間で初
めて国際宇宙ステーションへの有人飛行を実現させるなど、新し
い世界を切り開く、今をときめく起業家です。電気自動車、自動
走行車（autonomous vehicles、self-driving cars）の分野でも、新
星のごとく登場し、従来の自動車大手の脅威となっています。

　それにしても、**park** が気になります。それに、テスラはすでに
ナスダックに上場しているのに、S&P 500に「上場する」とはどう

いうことなのでしょうか？

　調べてみて、まずわかったことは、S&P 500は、ニューヨーク証券取引所（NYSE）やナスダックなどに上場している代表的な500銘柄を選び、指数化しているということでした。つまり、ここの構成銘柄に採用されるということは、新たにマーケットに株式を公開する「上場」ではないのです。いわば、さらなるエリート企業集団に加わるということを意味します。私はこんな初歩的なことを知りませんでした。市況のニュースで、NYダウ平均株価、ナスダック総合指数と並びS&P 500が列挙されるので、この3者は代表的な株価指数として、それぞれのマーケットの指数を表していると思い込んでいたのです。BBCの報道が、S&P 500にlist（上場する）するとは言わず、join（参加する）という動詞を使っていたことも、これで納得です。

　なお、S&P 500の指数に組み込まれるための条件は、アメリカに本拠地を置き、時価総額131億ドル以上（2021年10月現在）で、4四半期連続の黒字だそうです。テスラは電気自動車の量産が軌道に乗って、2020年7〜9月期決算で5四半期連続の最終黒字を計上していたので、採用が決まったのでした。

▌車だから park で言葉遊び

　では、懸案の **park** はどうでしょう。辞書を調べても、株と関係するような語義は見当たりません。ところが、*The Wall Street Journal*（『ウォール・ストリート・ジャーナル』2020/5/18）の記事で、**Can the car maker [Tesla] park itself in the S&P 500?**（[　]は補足）という表現を見つけました。そこで、急に「あっ」と思ったのです。そうか、テスラは電気自動車メーカーなのです。だからS&P 500に「駐車する」という言葉を使ったのだ、と。記者がちょっとした言葉遊びをしたのです。ですから、ここは、「自動

車メーカー［テスラ］は S&P 500 に無事「駐車」できる（採用される）か？」という意味になります。

Tesla parks in the S&P 500. の訳も、「テスラ、S&P 500 に採用」。あるいは、ちょっとニュアンスを込めて、「テスラ社（車）、S&P 500 についに乗り入れ」といったところでしょうか。

通訳したときは、**park** の意味は正確に理解できずとも、訳出に支障はなかったと思っていましたが、とんでもない話で、株に関する知識不足から「上場」と誤訳してしまいました。さらにその奥にある **park** に込められた意味にも反応できなかったのは、言葉に対する感度がまだまだ磨かれていない証拠です。実際の同時通訳の現場では、デリケートなニュアンスの差まで訳し分けはしきれませんが、簡単そうに見える表現が一筋縄ではいかないことが、改めてよくわかる事例でした。

何かと話題の多いマスク氏は、その後、ビットコイン（仮想通貨：virtual currency、暗号通貨：cryptocurrency の一種）を積極的に買い、ビットコインは最高値を更新。テスラ株と連動し、マスク氏の資産価値も大きく変動するようになりました。その結果、アメリカ経済誌フォーブスによる世界長者番付では、アマゾン・ドット・コムのジェフ・ベゾス CEO を抜いて、世界一の富豪になる週も出てきました。

また、マスク氏は、2021 年には大気中や海中から二酸化炭素（CO_2）を回収・貯留する技術のなかから優れたものに対して 1 億ドルの賞金を出すと表明し、一段と環境問題に熱心とのイメージが広がっています。これはテスラの電気自動車販売の追い風になります。しかし、一方で、電力消費が莫大なビットコインに投資したことは、環境保護とは相いれないとの批判も出ました。ビットコインは、コンピューターで膨大な計算作業をするために大量の電

力供給が安定的に必要で、現状では、再生可能エネルギーではなく、火力発電による安価な電気が得られるイランや中国の新疆ウイグル自治区などで作業が行われているからです。

　なお、それから数ヵ月後。マスク氏は環境への配慮からビットコインへの投資を減らしました。時代の動きに敏感に反応する起業家ならではの対応でした。

Tesla parks in the S&P 500.
テスラ、S&P 500に採用。テスラ社（車）、S&P 500についに乗り入れ。

ニュースによく出る言葉

electric vehicles　電気自動車
tremendous comparative advantage　大変な比較優位
autonomous vehicles, self-driving cars　自動走行車（automatic ではないことに要注意）
bitcoin　ビットコイン
virtual currency　仮想通貨
cryptocurrency　暗号通貨

David and (vs.) Goliath

「ダビデと（対）ゴリアテ」ってナニ？

　2021年1月の末頃、アメリカのゲーム専門店のゲームストップ（GameStop）株が乱高下し、大いに話題になりました。一般に株のニュースというだけでも容易ではないのに、個別銘柄が急展開したとなると、原因が細かい内部情報に関わる可能性があるので、そもそも理解できるだろうか。多くの通訳者は身構えます。これはそんなニュースでした。

　アメリカの個人投資家が、人気投稿サイトのレディット（Reddit）にある株式取引コミュニティーで情報交換し、大口投資家のヘッジファンドと逆の投資行動を取ったことから、株価が乱高下する事態が発生しました。ゲームストップの業績不振から株価の値下がりを見込んだヘッジファンドが、空売り（short selling）を仕掛けていたのですが、それに気づいた個人投資家が連携して、集団で買いを入れたのです。その結果、1月半ばまでは1株10ドル台で推移していたゲームストップ株が、28日には一時482ドルまで急騰。個人投資家が大儲けする一方で、値下げを見込んでいたヘッジファンドは買い戻しを迫られ、巨額の損失を出したのでした。

　その流れをいったん止めたのが、個人投資家がよく利用するネット証券のロビンフッド（Robinhood）で、市場の混乱を警戒し、取引制限をかけました。すると、今度は株価が急落。個人投資家は制限措置に激昂しました。自分たちが損をしても放置されるのに、ヘッジファンドは助けるのかというわけです。これに対して、ロビンフッドは早くも翌日には取引制限を緩和。すると、株価は再び上昇に転じます。民主党も共和党も「ヘッジファンドは自由に取引できるのに、個人の買いが制限されるのは容認できない」と批判。事態を重

く見たSEC（アメリカ証券取引委員会）は調査すると発表しました。なお、その後紆余曲折を経て、ロビンフッドはナスダックに株式上場を果たしました。

このニュースを取り上げたBBCの冒頭が、**This is a story of David and Goliath.**（これは、ダビデとゴリアテの物語です）だったのです。このフレーズは、以前にも聞いたことがあるし、調べたこともあるのに、記憶の底から浮上してきてくれません。名前もガリアテ？　ゴリアト？　しかも、0.数秒を争う同通時に、もうひとつの旧約聖書の物語『サムソンとデリラ』（オペラになっている）までが一瞬脳裏に浮かびかけました。頭のなかは人名で過密状態に。次に続く、Amateur online investors beat big traders.（素人のオンライン投資家が大口投資家を打ち負かしたのです）で、意味するところを思い出しますが、時すでに遅し。聞こえた音をまねて発音すれば済んだはずの「ダビデとゴリアテ」なのに、記憶を探っている間に、尺（時間）が足りなくなり、結局、「素人の個人投資家が打ち負かした」ところしか訳出できませんでした。ま、言いたいことはこれに尽きるので、意図は伝えたことになりますが。

ダビデとゴリアテの物語とは、小人が巨人を打ち負かす話で、旧約聖書からの引用です。ダビデは後のダビデ大王で、ゴリアテは敵陣の最強の巨人です。少年ダビデは"勝ち目の無い戦い"に挑みながらも、石投げひもで投げた石がゴリアテの眉間を撃ってあっけなく勝利します。これを今回のニュースにあてはめると、素人オンライン投資家がダビデで、大口投資家がゴリアテとなります。なるほど「小よく大を制す」だったのですから、痛快、痛快。

▎勝ち目のない戦いにも使います

ニュースでは、また、個人投資家のことを plucky underdog（果敢なる負け犬・弱者・挑戦者）とも呼んでいました。ただ、ヘッジ

ファンドは事態を black eye（不名誉、恥）として、損失回復のために、例えば年金基金の株を売却すると、今度はこれを頼みとする年金受給者に影響が出るとも伝えていました。

このニュースはしばらく続き、**David versus Goliath battle between big money and small investors**（大資本と個人投資家間のダビデ対ゴリアテの戦い）といったバリエーションを加えた表現も登場しました。この例では、ダビデとゴリアテをつなぐ言葉が、and ではなく、vs.（versus）対となりますが、**David vs. Goliath battle** のフレーズもよく使われます。

その後も、オンライン投資家の行動が商品市況にも影響を与えるようになったことから、ニュース関係者や専門家の間では、どうやらこの表現が"短期お気に入り"となったようでした。例えば、オンライン投資家の買いで銀相場が荒い値動きをして、再び大手ヘッジファンドが損失を出したことについて、BBC ではゲストとの間に次のような会話が交わされました。

Is this a classical story of David vs. Goliath?
「これは、典型的なダビデ対ゴリアテの話ですか？」
No, this is Goliath vs. Goliath.
「いいえ、これは、もうゴリアテ対ゴリアテです」

ここでは、オンライン投資家は弱者のダビデではなく、ヘッジファンドと肩を並べる強者のゴリアテだと言っているのです。ここまでくると、この物語を知らないでは済まされなくなります。

それから、もうひとつ注意すべきは、このフレーズが必ずしも「小人（弱者）が巨人（強者）に勝つ」との含意で使われるわけではないということです。文字通り「巨人対小人の戦い」や「勝ち目のない戦い」という意味でも使われるのです。これについては、今回調べるなかで、私もしかと認識しました。

例えば、ジョージア（グルジア）国内にある事実上の独立地域で

ある南オセチアの独立をめぐるジョージアとロシアの武力衝突（2008）は、**David vs. Goliath** にたとえられました。しかし、ジョージアに勝ち目はなく、ジョージアは支配地域の一部を失いました。巨人ロシア（＝ゴリアテ）の勝利です。この紛争について書かれた **_Beyond David and Goliath_**（ダビデとゴリアテを超えて）（_La Trobe_ 2008）にも、**In David-versus-Goliath battles like this, Goliath usually wins.**（このようなダビデ対ゴリアテの戦いでは、通常ゴリアテが勝つ）という記述があります。

つまり、**David and (vs.) Goliath** は、意味が複層的で単純ではないのです。

最後に蛇足ながら、旧約聖書に登場するサムソンは怪力のため、巨人ゴリアテとごっちゃになるだけの理由があると、一人勝手に自己弁護しています。

Key Words

David and (vs.) Goliath
ダビデと（対）ゴリアテ

ニュースによく出る言葉

short selling, short position　空売り
SEC (Securities and Exchange Commission)　アメリカ証券取引委員会
plucky underdog　果敢なる負け犬・弱者、勝ち目がなくとも果敢に挑む
　挑戦者
　underdog は「負け犬」という訳語が一般的だが、スポーツの世界も含め、
　強敵に対する「挑戦者」のニュアンスがある。
black eye　不名誉、恥。評判が傷つくこと、面汚し

38 systemic crisis

システムといっても、いろいろあります ②
システミック編

　21ページの **weather system** の続編です。

　リーマン・ショックをきっかけに起きた金融危機は100年に1度と言われ、世界中の金融市場が大混乱に陥りました。2008年9月のことです。私はちょうどこのとき、日経CNBCの経済番組で同時通訳を始めたところでした。経済専門の番組なので、ともかく難しく、今思い出してもぞっとするほどプレッシャーがかかりました。住宅の subprime loan（サブプライム・ローン）など知らない専門用語が次々と出てきて、今回の金融危機は **systemic crisis** だということが盛んに言われました。システミックな危機とは何か？ **systemic** が **system** の形容詞であることはわかりますが、**system** の形容詞といえば **systematic** だとばかり思っていたので、戸惑いました。どう違うのか、わかりません。もちろん調べましたが、何しろ"100年に1度"の危機なので、事態の解明も同時進行で、こちらの理解もおぼつかず、定訳らしきものもすぐには見つかりませんでした。専門家もカタカナで、システミック・クライシスと言っているので、通訳者もそのままシステミック・クライシスと言ったり、単に金融危機と言ったりしていました。

　しかし、徐々に事態が解明され、各国・地域の対策も進み、それに伴って関連用語も定着していきました。**systemic** というのは、組織や制度全体に関わるという意味で、リーマン・ブラザーズの破綻から、金融市場全体に危機が連鎖的に広がることを意味していたのです。最終的には、**systemic crisis** は、専門用語としてカタカナがそのまま使われるシステミック・クライシスか、金融連

鎖危機で落ち着いたようです。なお systemic は、もともと、病気や薬物が全身に浸透するという［生理学・病理学］の専門用語であり、「体系的な」という意味の［言語学］用語なのでした。

　なお、system のもうひとつの形容詞である systematic は、研究・方法などが組織的な、体系的な、系統だった、秩序だてたというような意味です。systematic way（系統だった方法）、systematic crackdown on protesters（デモ隊に対する組織的な弾圧）といった用例があります。system のカバーする範囲が広いので、ひとつの形容詞では賄えず、形容詞が2つ必要だったのだろうと理解しました。ややこしい話です。また systemic を使った他の用例には、systemic roots of a recession（景気後退の構造的原因）などもあります。

▍最近よく使われる systemic racism

　さらに systemic を使った言葉で、最近よく耳にするのが systemic racism（構造的・制度的な人種差別）です。構造的な差別というのは、個人の間に生まれる差別ではなく、白人の優位性を前提とした、法律や社会構造にまで組み込まれた差別を意味します。教育や就職の機会も制限される状況で、もっと言うなら、人々の心の深層にまで染み込んだ心的傾向も含んでいます。institutional racism（制度的人種差別）も同じ意味で使われますが、現在は systemic racism のほうが「社会の隅々」感が出ているためか、よく使われます。

　なぜ、それほど使われるようになったかというと、ある事件がきっかけでした。2020年5月、アメリカのミネアポリスでアフリカ系アメリカ人ジョージ・フロイドさんが、白人警察官に首を押さえつけられて「息ができない。お願いだから助けて」と懇願したにもかかわらず、9分以上押さえつけられて死亡する事件が起きまし

た。このときの様子を近くにいた人が撮影していたため、CNNで
もBBCでも繰り返し放映され、通訳に入った私も何度も訳すこと
になり、あまりの悲惨さに息苦しくなったのを覚えています。この
事件は人々を激怒させ、コロナ禍にもかかわらず全米で抗議デモ
が発生。Black Lives Matter（黒人の命は大切だ）運動となって、
世界中に拡散しました。

　systemic racismはアメリカ社会の根深い問題であるため、バ
イデン氏も大統領選の勝利宣言や大統領就任演説でこの言葉を
使い、多様性の象徴である初の女性・アフリカ系・アジア系（ジャ
マイカ出身のアフリカ系［黒人］の父とインド出身のアジア系の母
を持つ）副大統領であるカマラ・ハリス氏も、勝利演説で使いまし
た。例をあげます。

**the battle to achieve racial justice and root out systemic
racism in this country**
人種的な正義を達成し、この国から構造的な人種差別を根絶す
るための戦い（大統領選勝利宣言/2020）

the sting of systemic racism
構造的な人種差別の痛み（大統領就任演説/2021）

**to root out systemic racism in our justice system and
society**
我々の司法制度と社会における構造的な人種差別を根絶する
ため（ハリス氏勝利演説/2020/11）

　こうした流れのなかで、イギリス王室を離脱したハリー王子と
メーガン妃が、アメリカの著名司会者・オプラ・ウィンフリーの特
別番組に出演した際、イギリス王室で受けた人種差別について爆
弾発言をしました（18ページ **a fly on the wall** 参照）。タブロイド
紙が放っておかないメーガン発言に、大西洋をまたいで大騒ぎと

なり、CNNでもBBCでも **systemic racism** という言葉が飛び交いました。人種差別はアメリカだけではありません。それとともに、**systemic equality**（構造的・制度的な平等）という言葉も幾度となく使われました。

　人種の問題は、**systemic**（構造的）なだけに根深く、容易には解決されません。放送通訳者としてもウォッチし続けることになります。

Key Words

systemic crisis
システミック・クライシス、金融連鎖危機

systemic racism　構造的・制度的人種差別
systematic way　系統だった方法
systematic crackdown on protesters　デモ隊に対する組織的な弾圧
systemic roots of a recession　景気後退の構造的原因
systemic equality　構造的・制度的な平等

ニュースによく出る言葉

subprime loan　サブプライム・ローン
institutional racism　制度的人種差別

39 Devil is in the detail. God is in the detail.

悪魔は細部に宿り、神は細部に宿る

なんだかカッコよく響く表現です。物事は良きも悪しきも細部に現れるという意味で、「細部こそ重要」と言いたいときに使われます。訳出は標題の通りに言えばいいので問題ありませんが、表現のカッコよさにとらわれて、どのように使われるのかあまり意識してきませんでした。それに、Devil のほうに出くわすと、「あれ、God ではなかったか」と思い、God が出てくると Devil のことが意識に上り、どっちがどっちだっけ？ と思ってしまうのです。

まず **Devil is in the detail.** の意味を確認すると、あらゆる細部に落とし穴が潜む、簡単に見えても隠れたところに問題がある、細心の注意が必要だということで、悪魔は「落とし穴、問題点」を指します。The がない形もありますし、details と複数形で使われることもあります。**(The) devils are in (the) detail(s).** もあります。

具体例を見てみましょう。世界の課税状況についてです。税金は国家の運営に必須のものながら、誰しも払いたくないもの。聖書の昔から、徴税官は「悪者」として描かれています。現代でも、多国籍企業や巨大IT（GAFA：Google, Amazon, Facebook, Apple）は節税（tax saving）のために法人税率の低い国に本社を移転させたり（tax inversion）、租税回避地（tax haven：タックスヘイブン）を活用したりして、脱税（tax evasion）すれすれに、税逃れ・税回避（tax avoidance）をしていることは広く知られています。一方、税率を下げて、外国企業を誘致し、経済力をつけている国もあります。

しかし、これが法人税率の引き下げ競争につながりました。さらに、莫大な利益を出している巨大ITがほとんど税金を払わず、町の小さな小売店より税率が低いという実態も明らかになり、批判が高まりました。そのため、イギリスやフランス、さらにはインドも独自にデジタル課税を課すようになりましたが、GAFAの生みの親であるアメリカが強く反発し、有効な対策が打てない状態が続きました。

　この流れを変えたのが、アメリカのバイデン政権です。富裕層や巨大企業からの税収によってインフラ整備をめざすバイデン政権は、税率を上げて財源を確保したい。しかし、自国だけ法人税を引き上げると国際競争力を失ってしまうので、世界で法人税の最低ラインを決めようと言い出したのです。イエレン財務長官も「30年にわたる法人税率の底辺への競争（30-year race to the bottom on corporate tax rates）」を終わらせると言いました。これらはアメリカの国益を考えての提唱ではありますが、税率引き下げ競争は多くの国を消耗させるので、先進国の間で合意の機運が高まりました。

　その結果、2021年6月のG7財務相会合で、法人税の国際的な最低税率（global minimum tax）を少なくとも15%にすることで合意。IT大手（約100社を対象）を念頭にしたデジタル課税でも国際ルールを敷くことで一致しました。企業が物理的な拠点を持たない国・地域でも、そのサービスを使う消費者がいれば、課税されるようになるのです。グローバル化の進展とともに多国籍企業（multinationals, global players）の税負担を軽減する方向で進んできた国際課税（international taxation）のルールは、ここにきて、応分の負担（fair share of taxes）を求める方向へと大きく転換しました。

　ここで、**The devil is always in the detail.** の登場です。BBC

のプレゼンターが専門家に、この表現を使って、事はそれほど簡単に進まないのではないかと聞きました。私は、「悪魔は常に細部に宿りますが」と定型通りに訳しましたが、何が「悪魔」になるのでしょうか。

まず、低税率を武器にしてきた国が反発しています。法人税率12.5%のアイルランドがその筆頭です。さらに、最低税率を決めても、課税権は各国にあるため、実質的に何の役にも立たない可能性もあります。巨大ITを抱えるアメリカは、国際合意後は速やかに独自課税を凍結・撤回するように求めていますが、各国がこれに従うかどうかわかりません。

しかしながら、その後、この案はOECD（経済協力開発機構）加盟国を中心に大枠合意され、2023年の導入をめざして、2021年10月には136ヵ国・地域で最終合意にこぎつけました。合意に難色を示していたアイルランドも最低税率が「15%以上」から「15%」になったことで、賛成に転じました。しかし、話し合いには参加しながらも支持を見送った国もあり、この合意を真の実効性あるものとできるかどうかは予断を許しません。**The devil is in the detail.** という表現がピタリとあてはまる状況が続きます。

法律が本物の Devil になる？

さらに、この表現を使った別の例を見てみましょう。香港に2020年6月に導入された香港国家安全維持法（Hong Kong National Security Law）に関するものです。簡単にいうと反政府的なものはすべて取り締まるという法律です。2019年に逃亡犯条例改定法案（Extradition Bill：香港にいる容疑者の身柄を中国本土にも引き渡せるようになる）をめぐり、香港で大規模抗議デモが起き、法案は撤回に追い込まれました。その後も選挙制度改革を求めるデモが続き、民主化運動が頂点に達したとみるや、中国本土政府が

これ以上は看過できないとばかりに導入したのが、この法律です。

当初はこの法案の実際的な運用がどうなるか不明なため、**The devil is in the details.**（*AP News* 2020/5/28）と言われたり、ちょっと変形させた表現で **The devil may lie in the absence of detail.**（悪魔は細部の欠如に宿るかもしれない）と言われたりしました（*Prospect magazine* 2020/7/11）。この法律が恣意的に適用される恐れがあることを指摘したものです。

民主派の政治家や活動家、メディア関係者が次々と逮捕され、起訴され、この法律の制定から1年ほどの間に、香港は一変しました。一国二制度（香港に高度の自治権を認めた制度）は急速に形骸化しています。中国には中国の論理があるにせよ、民主派への締め付けの容赦なさは、本物の **Devil** と重なります。香港を訪れ、香港が好きになった者としては、とても気がかりです。

■ 日本語では「悪魔」より「神」の出番が多い

さて、悪魔の話はこれくらいにして、神のほうの **God is in the detail(s).** に移りましょう。

こちらは芸術作品や建築などで、細かくこだわった細部こそが、作品の本質・美を決定するという意味で使われます。全体や見た目ばかりを気にして細かい部分をおろそかにすれば、結果的に作品全体の完成度が落ちるという教訓でもあります。また、自然の摂理や自然界の美などを表現するときにも使われます。このフレーズは、それ自体がひとつの完成品のようで、バリエーションもなく、ここはと思うところで使われるようです。

語源や由来は諸説あり、フランスの作家フローベールやドイツの哲学者ニーチェ、建築家のルートヴィヒ・ミース・ファン・デル・ローエ、美術史家のアビ・ヴァールブルグなどの名前があがっています。

Devil も God もキリスト教の言葉で、絶対的な悪と絶対的な善を表しています。悪魔はキリスト教でも複数存在しますし、日本にも悪魔はいますが、魔物、妖魔、怪物、鬼とバリエーションがあります。西洋の絵画に描かれる悪魔は不気味一色ですが、日本の悪魔系には愛嬌があるものもあり、文化的なイメージが異なるように思われます。また、キリスト教の神は唯一神で単数形でしか存在しませんが、日本の神は八百万の神で、森羅万象に神が複数存在しています。ですから、八百万の神が細部に宿ることを文化的に受容している日本人としては、「神が細部に宿る」はイメージしやすく思えます。別の言い方をすると、「悪魔が細部に宿る」ほうがなじみにくいような気がします。

いずれにしろ、「細部に宿る」という言い回しがかっこいいからだと思いますが、ある新聞のコラムで新型コロナについて「感染対策の本質は細部に宿る」という表現を見つけました。確認はできませんが、英語のフレーズの日本語訳が、日本語に影響を与え、それが使われた例のように思えて、東西交流を感じました。

蛇足ですが、最近、日本では、「神対応」「神プレー」「神シェフ」「神的美少女」などといって「神」を使う表現がはやっています。「神業(技)」という言葉は昔からありますが、少し前までは何かというと「カリスマ」と言っていたのに、それでは物足りなくなったのでしょうか。ついに「神」の登場です。ですが、いくら八百万の神が細部に宿るといっても、出番が多すぎます。大したことでもないことに「神」を出してしまうと、もうそれ以上はないので、この後は何と言うのでしょうか。それに「神」を濫用していると、神様がご立腹にならないかもちょっと心配。

Devil is in the detail.
悪魔は細部に宿る。
God is in the detail.
神は細部に宿る。

ニュースによく出る言葉

international taxation　国際課税
GAFA (Google, Amazon, Facebook, Apple)　ガーファ、巨大IT
tax saving　節税
tax inversion　節税のために法人税率の低い国に本社を移転させること
tax haven　タックスヘイブン、租税回避地
tax evasion　脱税
tax avoidance　税逃れ・税回避
global minimum tax　国際的な最低税率、世界共通の最低税率
multinationals, global players　多国籍企業
fair share of taxes　税の応分の負担
OECD (Organisation for Economic Co-operation and Development)
　経済協力開発機構
Hong Kong National Security Law　香港国家安全維持法
Extradition Bill　逃亡犯条例改定法案

40 enable

enableの使い方に“異変”?

　enable という単語は、able (〜できる) が含まれているので覚え
やすく、登場する頻度も高いので、よく知られた単語といえるで
しょう。念のため、辞書で語義を確認すると、①(事が)(人・物・
事)に…することを可能にさせる、②(事が)(事)を可能[容易]に
する、③[コンピューター](機器)にスイッチを入れる、…を作動
可能にする、となっています(『ジーニアス英和大辞典』)。また、用
例は、例えば **Money enables a person to do a lot of things.**
「金があればいろいろなことができる」(『リーダーズ英和辞典』)。
Endurance enabled him to win the race.「忍耐のおかげで競争
に勝てたのだ」(『新編　英和活用大辞典』)のように、ほとんどす
べて、[主語 + enable +目的語 to do]の形を取っています。もちろ
ん、②の用例として、**A number of courses are available to
enable an understanding of a broad range of issues.**「多くの
コースを取ることができるので、幅広い問題を理解することが可
能だ」(*The Oxford Dictionary of English*)や **This enables the
dating of the play. = This enables the play to be dated.**「こ
れでその戯曲の年代決定が容易になる」(『新英和大辞典』)もあり
ますが、主要な辞書10冊を見たなかでは、[主語 + enable +目的
語 to do]の文型の用例が圧倒的に多く掲載されていました。

to do を伴わない用法が広がる

　放送通訳の現場から、この文型の例をあげてみましょう。アフ
ガニスタンからの米軍撤収に関して、安全保障の専門家が、
Abandoning Afghanistan could leave a security vacuum

which would enable terrorist organisations to take root again. (*BBC* 2021/8) (アフガニスタンを放棄することは、安全保障上の空白を作ることになり、テロ組織が再び根付くことを可能にしかねません) と言っていました。

　ところが、あくまでも個人的な見解ですが、最近、後半の to do の形を取らない②の文型がよく使われるようになったと感じています。

　例えば、2021年5月のBBCのビジネスニュースで、世界の若手指導者の組織であるYPO（Young Presidents' Organization）が行った C-suite gender equality survey（最高幹部のジェンダー平等調査）が取り上げられ、**Female CEOs enable more female CEOs.** という表現が出てきました。世界の指導者に関するジェンダー調査をテーマにしていたので、女性CEOの存在が女性CEOを増やす、女性CEOがいることで他の女性CEOも生まれる、という意味だろうということは冷静になればわかりますが、通訳に入っていた私は、反応するのに手間取りました。目的語に動詞の要素が組み込まれていないので、若干理解しにくく、見慣れた **enable** の用法とは違っていたからです。これまでなら、**Female CEOs enable more females to become CEOs.** というような言い方が一般的だったでしょう。

　別の例を見てみます。女子体操のスーパースターであるアメリカのシモーネ・バイルズ選手（gymnast）が、連覇のかかる2021年の東京オリンピックで精神的不調から大半の試合を棄権したときは衝撃的でした。テニスの大坂なおみ選手が2021年の全仏オープンでうつを告白し、試合を棄権したことを想起させます。トップ選手にかかる重圧たるや、こちらの想像を超えるものですが、それでも、バイルズ選手は唯一出場した種目別平均台（balance beam）

で銅メダルを取ったのですから、その強さは折り紙つきです。

しかし、バイルズ選手の場合、オリンピックの重圧だけでなく、ここ数年アメリカ女子体操界を揺るがしてきた元チーム医師ラリー・ナサールによる性的虐待も、重くのしかかっていたのでした。

2021年9月半ばに上院司法委員会の公聴会が開かれ、バイルズ選手ら4人の女子選手が証言しました。ナサール受刑者は終身刑で服役中ですが、FBIの初期の捜査が不十分であったため、ナサール逮捕が遅れ、被害を拡大させたと批判されました。このとき、バイルズ選手が **To be clear, I blame Larry Nassar and I also blame an entire system that enabled and perpetrated his abuse [*sic*].** (はっきり申し上げて、私はラリー・ナサールを非難します。また、彼の虐待を許し、かつ虐待の罪を犯させた体制全体も非難します) と声を震わせ訴えたのでした。ここで **enable** が使われました。**enabled his abuse** は、彼 (ナサール) の性的虐待を可能としたという意味です。abuse には動詞の要素が入っているので、理解するのはそれほど難しくなく、通訳に入っていた私も「あ、また出た！」と思いつつ、無事訳せました。なお、perpetrate は、悪事を働く、しでかすという意味です。

また、他の例をあげましょう。WHO (世界保健機関) が中国シノファーム製ワクチンを EUL (緊急使用リスト) に加えたことを発表したニュースリリース (2021/5/7) です。**As part of the EUL process, the company producing the vaccine must commit to continue to generate data to enable full licensure and WHO prequalification of the vaccine.** (緊急使用リストのプロセスの一環として、製造企業は、完全な認可を受け、WHO のワクチン事前認証を得るために、データの生成に尽力しなければならない)。**enable** の目的語の full licensure (完全な認可) と WHO prequalification of the vaccine（WHO のワクチン事前認証）には、動詞の要素が組み込まれていて、licensure と prequalification を可能にすると言っているのですが、これらを与えるのか受けるのか、この言葉だけでは主語と目的語の関係がはっきりしているとは言えません。これは、言葉の関係が明確な英語らしからぬ用法に思え、ある意味、**enable** の守備範囲が広がったような気もしました。変な言い方ですが、日本語の漢字熟語が、語と語のつながりを詳しく説明しなくても意味を成立させていくのに似ているようにも思います。

　勝手な推測ですが、to do を伴わない用法が広がった背景には、この言葉がコンピューター用語で使われていることがあるのではないかと思っています。コンピューターのある機能を「有効にすること」を **enable** と言います。例えば、**How do I enable this audio output device?**（このオーディオ・アウトプットのデバイスを作動可能にするにはどうしたらいいのですか）。**My computer doesn't recognize my Bluetooth enabled device.**（コンピューターは Bluetooth 対応デバイスを認識しません）。**enabled** という過去分詞は、機能が有効な状態であることを示します。

　さらに最近では **enable** に関連する言葉として、**enabler** もよく見かけるようになりました。**enable** の派生語で、何かを可能にする人や物、能力を引き出す人などの意味を持ちます。また IT の分野では、何らかの機能や装置をシステムに追加して有効にするソフトウェアのことも **enabler** と呼ぶそうです。

　こうして、**enable** が新しい使われ方をするにつれ、その影響から、主流だった［主語＋ **enable** ＋目的語 to do］よりも、簡便な［**enable** ＋目的語］の使用頻度が増えているのではないだろうか。放送通訳は時代の先端を行くジャーナリズムの世界でもあるの

で、新しい言葉、新しい用法が先行的に使われていきます。この世界に関わる者として、そんなことを考えます。

enable [enable + 目的語]
〜を可能にする

C-suite gender equality survey　最高幹部のジェンダー平等調査
　　suite はホテルのスイートの意味に加えて、「一式」「一そろい」という意味がある。C-suite は C 一式ということになり、C で始まる役職を持つ経営幹部を指す。
　　CEO (Chief Executive Officer) 最高経営責任者
　　CFO (Chief Financial Officer) 最高財務責任者
　　COO (Chief Operating Officer) 最高執行責任者　など。
gymnast　体操選手
balance beam　平均台
WHO (World Health Organization)　世界保健機関
EUL (Emergency Use Listing)　緊急使用リスト

本書に登場する主な人名一覧

＊主な人名の日本語表記（読み）と英語表記を一覧にしました。
＊Part 1から5まで、見出し語の番号順に掲載しています。
＊複数回登場する人名は初出時に掲載してあります。
＊英語名の日本語読みは放送局やメディアなどによって異なることもありますので、参考としてご覧
　ください。

Part 1

02	アンソニー・ファウチ	Anthony Fauci
	トランプ	Donald Trump
	バイデン	Joe Biden
03	ハリー王子	Prince Harry
	メーガン	Meghan
	サセックス侯爵夫妻	The Duke and Duchess of Sussex
	オプラ・ウィンフリー	Oprah Winfrey
	オバマ	Barack Obama
	ピート・ソウザ	Pete Souza
05	ユヴァル・ノア・ハラリ	Yuval Noah Harari
	スティーブン・サッカー	Stephen Sackur
	ボルソナーロ	Jair Bolsonaro
	シェークスピア	Shakespeare
	オルダス・ハクスリー	Aldous Huxley
	イーロン・マスク	Elon Musk
	ジェフ・ベゾス	Jeff Bezos
	マイケル・イベイド	Michael Ebeid
06	フリッツ・ラング	Fritz Lang
	ピーター・ハイアムズ	Peter Hyams

Part 2

09	チェチーリア・バルトリ	Cecilia Bartoli
	ファン・ディエゴ・フローレス	Juan Diego Flórez
	ファリネッリ	Farinelli
	ドニゼッティ	Gaetano Donizetti
	パヴァロッティ	Luciano Pavarotti
10	ジョン・クラシンスキー	John Krasinski
	ケイト・ショートランド	Cate Shortland
	スカーレット・ヨハンソン	Scarlett Johansson
	トム・マッカーシー	Tom McCarthy
	マット・デイモン	Matt Damon
	キャリー・ジョージ・フクナガ	Cary Joji Fukunaga
	ダニエル・クレイグ	Daniel Craig
11	ジョージ・フロイド	George Floyd
	クロエ・ジャオ	Chloé Zhao
	リー・アイザック・チョン	Lee Isaac Chung
	ユン・ヨジョン	Youn Yuh-jung
	ポン・ジュノ	Bong Joon-ho
	フロリアン・ゼレール	Florian Zeller
	サー・アンソニー・ホプキンス	Sir Anthony Hopkins
	フランシス・マクドーマンド	Frances McDormand
	ジョージ・C・ウルフ	George C. Wolfe
	チャドウィック・ボーズマン	Chadwick Boseman
12	トーマス・バッハ	Thomas Bach
13	セリーナ・ウィリアムズ	Serena Williams
	ジェニファー・ブレイディ	Jennifer Brady
	ロジャー・フェデラー	Roger Federer
	ラファエル・ナダル	Rafael Nadal
	ノバク・ジョコビッチ	Novak Djokovic

13	ステファノス・チチパス	Stefanos Tsitsipas
	ダニール・メドベージェフ	Daniil Medvedev
14	ネタニヤフ	Benjamin Netanyahu
	ナフタリ・ベネット	Naftali Bennett
	アレクセイ・ナワリヌイ	Alexei Navalny

コラム2

| | ロバート・ケリー | Robert Kelly |

Part 3

15	ジョンソン	Boris Johnson
	ロブ・ワトソン	Rob Watson
16	サー・デイビッド・アッテンボロー	Sir David Attenborough
18	ティンダル	William Tyndale
19	エバン・メデイロス	Evan Medeiros
	ジョセフ・ヘラー	Joseph Heller
	マイク・ニコルズ	Mike Nichols
	ハンター	Hunter Biden
20	プーチン	Vladimir Putin
21	ジョン・ケリー	John Kerry
	ジョージ・W・ブッシュ（子）	George W. Bush
23	ウィリアム・ウォーカー	William Walker
	イヴァンカ・トランプ	Ivanka Trump
	マイケル・ウォルフ	Michael Wolff
24	ジャネット・イエレン	Janet Yellen
	パウエル	Jerome Powell
	バーナンキ	Ben Bernanke
25	ヴィクター・フレミング	Victor Fleming

25	オサマ・ビンラディン	Osama bin Laden
	オースティン	Lloyd Austin
	ミリー	Mark A. Milley
	グレグ・マイア	Greg Myre

コラム3

| | ライシャワー | Edwin O. Reischauer |

Part 4

28	カマラ・ハリス	Kamala Harris
	ウルズラ・フォン・デア・ライエン	Ursula von der Leyen
29	アウン・サン・スー・チー	Aung San Suu Kyi
30	リンカーン	Abraham Lincoln
	FDR（フランクリン・ルーズベルト）	Franklin D. Roosevelt
	セオドア・ルーズベルト	Theodore Roosevelt
	JFK（ケネディ）	John F. Kennedy
	キング牧師（マーティン・ルーサー・キング・ジュニア） Martin Luther King, Jr.	
31	ペロシ	Nancy Pelosi
	ダグ・エムホフ	Doug Emhoff
	ウォーレン・バフェット	Warren Buffett
	クリントン	Bill Clinton
32	サッチャー	Margaret Thatcher
	レーガン	Ronald Reagan
	ボノ	Bono
34	ディック・チェイニー	Dick Cheney
	リズ・チェイニー	Liz Cheney
	エリス・ステファニック	Elise Stefanik
	アダム・マッケイ	Adam McKay

コラム4

ジョージ・H・W・ブッシュ（父）	George H.W. Bush
バーバラ	Barbara

Part 5

39	フローベール	Gustave Flaubert
	フリードリヒ・ヴィルヘルム・ニーチェ	
		Friedrich Wilhelm Nietzsche
	ルートヴィヒ・ミース・ファン・デル・ローエ	
		Ludwig Mies van der Rohe
	アビ・ヴァールブルグ	Aby Warburg
40	シモーネ・バイルズ	Simone Biles
	ラリー・ナサール	Larry Nassar

本書内に登場する主なメディア名と公式サイト

イギリス

BBC
https://www.bbc.com

The Economist
https://www.economist.com

Checks and Balance
（The Economistのニュースレター）
https://www.economist.com/newsletters/
checks-and-balance/

Financial Times
https://www.ft.com

Reuters
https://www.reuters.com

The Guardian
https://www.theguardian.com

Prospect Magazine
https://www.prospectmagazine.co.uk

Sky News
https://news.sky.com

Sky Sports
https://www.skysports.com

The Defender
https://childrenshealthdefense.org

アメリカ

CNN
https://edition.cnn.com

Meanwhile in America
（CNNのニュースレター）
https://edition.cnn.com/specials/
meanwhile-in-america

ABC News
https://abcnews.go.com

The New York Times
https://www.nytimes.com

The Washington Post
https://www.washingtonpost.com

USA TODAY
https://www.usatoday.com

The Wall Street Journal
https://www.wsj.com

The Hill
https://thehill.com

AP News
https://www.ap.org

The Atrantic
https://www.theatlantic.com/world

NPR（National Public Radio）
https://www.npr.org

Business Insider
http://www.businessinsider.com

The Houston Chronicle
https://www.chron.com

RealClearPolitics
https://www.realclearpolitics.com

FCW（Federal Computer Week）
https://fcw.com/Home.aspx

その他

BW Businessworld（インド）
http://www.businessworld.in

DownToEarth（インド）
https://www.downtoearth.org.in

Haaretz（イスラエル）
https://www.haaretz.com

CAN（Channel NewsAsia シンガポール）
https://www.channelnewsasia.com

Global Times（中国）
https://www.globaltimes.cn

The Times of Israel（イスラエル）
https://www.timesofisrael.com

参考文献

袖川裕美『同時通訳はやめられない』 平凡社新書（2016）

袖川裕美「風刺画のコミュニケーション力―『エコノミスト』（The Economist）の表紙」
Mulberry（愛知県立大学外国語学部英米学科論集）第66号（2016）

堀井令以知『ことばの由来』岩波新書（2005）

丸山眞男『丸山眞男講義録3』東京大学出版会（1998）

Bill Emmott, The Fate of the West: The Battle to Save the World's Most Successful Political
Idea, The Economist, Books（2017）

Michael J. Sandel, The Tyranny of Merit: What's Become of the Common Good?, Farrar,
Straus and Giroux（2020）

The Economist, The Economist Newspaper Limited.（2018-2021）

辞書

『ランダムハウス英和大辞典』（第1版に相当）小学館（1979）

『ランダムハウス英和大辞典 第2版』小学館（1993）

『新編 英和活用大辞典』研究社（1995）

『英語語源辞典』研究社（1997）

『リーダーズ・プラス』研究社（2000）

『ジーニアス英和大辞典』大修館書店（2001）

『新英和大辞典 第六版』研究社（2002）

『新和英大辞典 第五版』研究社（2003）

『リーダーズ英和辞典 第3版』研究社（2012）

Nigel Ress, The Bloomsbury Dictionary of Popular Phrases, Bloomsbury Publishing PLC
（1990）

The Random House dictionary of the English Language, 2nd Edition, Unabridged
Random House Inc（1987）

An Etymological Dictionary of the English Language, Oxford: Clarendon Press（1995）

The New Oxford Dictionary of English, Oxford University Press（1998）

おわりに

　放送通訳のなかで直面する訳語との格闘について紹介してきましたが、いかがでしたか。本書が、通訳者の焦りやドギマギを通じて、言葉への理解を深め、ニュースや放送通訳の世界を知るきっかけになれば、幸いです。

　本書の執筆は、私にとっても、言葉の意味を探求する以外に、さまざまな発見や気づきをもたらしてくれました。それは、執筆前に漠然と想像していたよりもずっと大きく、自身の反省を促すとともに、新たな学びになりました。

　まず、面白いと思ったのは、訳に詰まったときの自身の思考や心の動きです。心のうちを拡大鏡で覗き込み、スローモーション化するように描写しましたが、実際には秒単位の出来事なので、こうしたプロセスをゆっくりとたどるわけではありません。ですが、ほんのわずかの間に、意外なほど多くのことを思い煩っているということも、今回の作業でわかりました。

　また、自分が、実践的に仕事をするうちに、単語やフレーズを記憶するという基本的な学びよりも、世界情勢やニュースを理解するほうに意識が向いていたことがよくわかりました。単語やフレーズのひとつひとつをすべて正確に知らなくても、背景知識が

あれば、全体の訳出は"ほぼほぼ"可能なことが多いからです。それは、同時通訳には時間的制約があって、話し手がしゃべっている間にこちらも終わらせなければならないので、全言葉を訳すことが物理的に不可能なうえ、もしも全部を訳したら、早口でうるさいだけになってしまうこととも、関係しています。しかし、あくまでも、基本のキは単語やフレーズの正確な意味を理解し、記憶することです。執筆の過程でその大切さを痛感しました。

　また、見出し語を選定する過程で、扱っている世界がジャーナリズムなのだということも再認識しました。というのも、見出し語のなかには新しい言葉・用法が含まれていて、まだ辞書に掲載されていないとか、辞書には載っていても新しい文脈では使えないとかいうものがあるからです。ときには、私自身が考えだした"本邦初"の訳語を示さなくてはならない場合もあって、ちょっと勇気が要りました。その過程で、自分は、新しい旬の言葉が使われる「今」の世界を相手にしているのだということを改めて認識しました。

　「訳に詰まった」「わからなかった」「間違った解釈をしてしまった」。こういうことばかり告白し、書いていると、心からわが身の

不明を恥じるという気持ちになってきます。不出来だなあ。でも、こうした気持ちを大切に、また精進していきたいと思います。

　思えば、1993年の暮れに『通訳・翻訳ジャーナル』（イカロス出版）に掲載されていた求人広告を見たのがきっかけで、ロンドンのBBCに行ったのでした。本書の出版は、そうしたご縁がずうっと現在まで通奏低音のように響いていて、それが表面に発現し、主旋律になったかのような気がします。この企画をお世話くださったイカロス出版の渡邉絵里子編集長に、まず感謝申し上げたい。また、ジャーナリズムの観点から助言をいただいた元朝日新聞論説副主幹の岩村立郎氏、英文校閲をお願いした愛知県立大学英米学科専任講師のデミエン・オオカドゴーフ（Damien Okado-Gough）氏に、心からお礼を申し上げます。

2021年11月　袖川裕美

【著者】
袖川裕美 （そでかわ・ひろみ）

日英同時通訳者。東京外国語大学フランス語学科卒。ブリティッシュ・コロンビア大学 (カナダ) 修士課程修了。1994年から4年間、BBCワールドサービス (ロンドン) で放送通訳。帰国後、フリーで放送通訳 (NHK・BS、BBC、CNNなど) や会議通訳に従事する。2015年から愛知県立大学外国語学部英米学科准教授。著書の『同時通訳はやめられない』(平凡社新書・2016年) は、朝日新聞・天声人語をはじめ主要紙の書評で取り上げられ、話題となった。テレビ東京『たけしのニッポンのミカタ』(2018年4月) に出演。同時通訳者として密着取材を受けた。NHK総合『クイズ！カムカムエヴリバディ 〜ラジオと英語と日本人〜』(2021年12月) に取材協力。

放送通訳の現場から──
難語はこうして突破する

2021年12月25日　初版発行

著者	袖川裕美
発行者	山手章弘
発行所	イカロス出版株式会社
	〒162-8616
	東京都新宿区市谷本村町2-3
	電話　03-3267-2766 (販売部)
	03-3267-2719 (編集部)
	https://www.ikaros.jp

カバーデザイン	松元千春
本文デザイン	丸山結里
印刷・製本	図書印刷株式会社